Alfons Schweiggert
Unser Papst aus Bayern
Benedikt XVI.

ALFONS SCHWEIGGERT

Unser Papst aus Bayern Benedikt XVI.

Zeichnungen von
Franz Eder und Alfons Schweiggert

Turmschreiber Verlag

ISBN 3-930156-96-2

Umschlaggestaltung: Hartmut Schock, München, unter Verwendung eines Fotos der KNA
Druckvorstufe: Rist Satz & Druck GmbH, Ilmmünster
Printed in Germany 2005

„Der Katholizismus
meines Heimatlandes Bayern
hat es verstanden, allem,
was menschlich ist, Raum zu geben:
dem Gebet, aber auch dem Fest;
der Buße, aber auch der Fröhlichkeit…
Mein Herz schlägt bayerisch.
In meinem Amt gehöre ich der Welt."

Benedikt XVI.

Abschied vom Jahrhundert-Papst

Als Papst Johannes Paul II. am 2. April um 21.37 Uhr stirbt, trauert die ganze Welt um diesen großen Mann, der 26 Jahre lang der Hirte und Führer der katholischen Christenheit war. Bei der beeindruckenden Abschiedsfeier auf dem Petersplatz in Rom erweisen dem Verstorbenen 300.000 Pilger und rund 200 Staats- und Regierungschefs aus aller Welt die letzte Ehre. Auch an die 2500 Vertreter aller Weltreligionen sind anwesend. Auf Transparenten mit der Aufschrift „santo subito" und in Sprechchören fordert die Menge, und dies vor allem junge Menschen, die möglichst rasche Heiligsprechung des Pontifex.

Seit dem Tod von Johannes Paul II. ist der Heilige Stuhl des Papstes unbesetzt. In diesen Tagen der „Sedisvacanz" führt Kardinal Joseph Ratzinger, der Dekan des Kardinalskollegiums, als Chef im Vatikan die Amtsgeschäfte. Er zelebriert auch den Trauergottesdienst. In seiner mehrfach durch Beifall unterbrochenen Ansprache findet er warme, herzliche Worte. Er würdigt Johannes Paul II. als einen Papst, der mit seiner täglichen Hingabe an die Kirche, „Priester bis ins Letzte" gewesen sei. Bis zum Ende habe er sich für die Belange der Kirche eingesetzt und mit seinem mehr als 26-jährigen Pontifikat „dem Evangelium eine neue Anziehungskraft verliehen". Er erinnert an die Zuneigung des Pontifex zur Jugend, die er als „Zukunft und Hoffnung der Kirche" bezeichnet habe. Er ruft auch noch einmal den Auftritt des „vom Leid gezeichneten" Heiligen Vaters am Ostersonntag ins Gedächtnis, als dieser ein letztes Mal den Segen „Urbi et orbi" spendete. „Sie können sicher sein, dass unser geliebter Papst jetzt am Fenster des Hauses seines Vaters steht. Johannes Paul sieht und segnet uns", so schließt der Kardinal seine mit großem Beifall bedachte Predigt.

Besonders ergreifend ist es, als Joseph Ratzinger bei der Totenmesse völlig überraschend dem in einem Rollstuhl sitzenden evangelischen Prior von Taizé, dem Franzosen Roger Schutz, als Erstem die Kommunion erteilt, ein wahrhaft Aufsehen erregendes Zeichen für die Bereitschaft der Kirche, in ihren ökumenischen Bemühungen nicht nachlassen zu wollen.

Zu diesem Zeitpunkt ahnt noch keiner der Anwesenden, dass wenige Tage später Joseph Ratzinger die Nachfolge des verstorbenen Pontifex antreten wird, auch wenn er schon seit geraumer Zeit als einer der großen Favoriten im Blickpunkt des Interesses steht. Bereits vor dem Tod Johannes Paul II. bezeichnet man den 78-Jährigen als „papabile", das heißt als Papst-fähigen Kardinals-Kandidaten. Aber gerade große Favoriten, so ist bekannt, erreichen meist nicht die Zustimmung des Kardinalskollegiums, das im Konklave den neuen Papst wählt.

Ratzingers Bruder Georg, der lange Jahre in Regensburg als Domkapellmeister tätig war, prophezeit seinem Bruder Joseph keine großen Chancen auf den Papstthron. „Es gibt ja so viele Kandidaten", meint er, „dass man normalerweise nicht jemanden in dieser Altersstufe wählt. Außerdem kann ich mir nicht vorstellen, dass ein Deutscher Papst wird." Und so fragt sich auch die Welt: Kommt ein Reformer oder ein Konservativer? Ein Europäer oder ein Lateinamerikaner? Ein Favorit oder ein völlig Unbekannter?

Selbst Joseph Ratzinger hat andere Vorstellungen. Er betrachtet seine Karriere als beendet, möchte sich in sein Haus in Pentling zurückziehen, um noch einige Bücher zu schreiben. Schon vor einigen Jahren sprach er sich deshalb dafür aus, dass der nächste Pontifex möglichst aus Afrika stammen sollte. „Ich persönlich meine", so seine Ansicht, „dies wäre ein schönes Zeichen für die ganze Christenheit." Doch es kommt ganz anders.

Zwei Tage Spannung pur

Streng abgeschirmt, die Papst-Wahl 2005

Am Samstag, den 16. April, 14 Tage nach dem Tod von Johannes Paul II., werden dessen Siegelring und das päpstliche Siegel zerstört. Die Vernichtung der Insignien der päpstlichen Macht ist eine Formalität, die das Ende des Pontifikats von Johannes Paul II. anschaulich verdeutlicht. Damit ist auch die offizielle Trauerzeit der Kirche beendet.

Am Montag, den 18. April ist es so weit. Der Wahl eines Nachfolgers steht nun nichts mehr im Weg. Für die Zeit des Konklave ist die Sixtinische Kapelle das wohl prächtigste Wahllokal der Welt, das von der Öffentlichkeit streng abgeschirmt wird.

Das Wort „Konklave“ entstammt dem lateinischen „conclave“ und bedeutet „verschließbarer Raum“. Es ist von dem lateinischen Wort „clavis“, das heißt „Schlüssel“, abgeleitet.

Stimmberechtigt sind alle Kardinäle, die das 80. Lebensjahr noch nicht vollendet haben. Von den 117 Wahlberechtigten sind zwei Kardinäle aus Krankheitsgründen verhindert, sodass nur 115 Purpurträger aus 52 Ländern antreten. Ihre einzige Aufgabe ist es, den neuen Papst und Bischof von Rom zu wählen. Es ist ihnen verboten, in der Kapelle Kontakt zur Außenwelt aufzunehmen. Ebenso ist ihnen der Zugang zu Radio, Fernsehen oder Internet untersagt. Auch die Mitnahme von Handys ist nicht gestattet. Anti-Abhöranlagen stellen sicher, dass nichts nach draußen dringen kann. So möchte der Vatikan erreichen, dass die Purpurträger durch nichts und niemanden beeinflusst werden. Wer von den Teilnehmern später einen Vorgang des Konklaves ausplaudert, dem droht die Exkommunikation, das heißt der Ausschluss aus der katholischen Kirche. Die Kardinäle sollen sich bei der Wahl im Gebet allein vom Heiligen Geist leiten lassen. Durch die strenge Klausur sollen sie auch zu einer möglichst raschen Entscheidung bewegt werden. Wie es heißt, weiß jeder der Kardinäle, der ins Konklave geht, drei Dinge:

1. Warum er völlig unfähig ist, dieses Amt zu übernehmen, weshalb er also bei einer Wahl eigentlich absagen müsste.

2. Welchen Papstnamen er im Fall einer Wahl wählt.
3. Wen er im Fall seiner Wahl zum Staatssekretär macht.

„Komme herab, du Heiliger Geist!“

Der erste Tag des Konklaves beginnt um 9.57 Uhr mit dem feierlichen Einzug der scharlachrot gekleideten Kardinäle in den Petersdom. Mitten im Bernini-Altar des Doms leuchtet ein helles Fenster, eine Taube symbolisiert den Heiligen Geist, der bei der kommenden Wahl die zentrale Rolle spielen wird. Nach christlichem Glauben hilft er den Kardinälen, dass sie in der Lage sind, die richtige Entscheidung zu treffen.

Den prunkvollen Gottesdienst „Missa pro eligendo papa“ – „Messe zur Papstwahl“ um 10 Uhr zelebriert, wie schon die Trauermesse für den verstorbenen Papst, erneut Kardinal Joseph Ratzinger. Er und die anderen Kardinäle bitten dabei um Erleuchtung durch den Heiligen Geist. „In dieser Stunde“, so Ratzinger, „beten wir vor allem eindringlich zum Herrn, damit er uns nach dem großen Geschenk, das Papst Johannes II. war, wieder einen Hirten ganz nach seinem Herzen schenkt.“ Die Pilger können die Messe auf dem Petersplatz live auf einer Großbildleinwand verfolgen.

Kardinal Ratzinger ruft noch einmal folgenden Tatbestand in Erinnerung. „Einen klaren Glauben nach dem Credo der Kirche zu haben“, so seine Worte, „wird oft als Fundamentalismus abgetan. ... Wir bewegen uns auf eine Diktatur des Relativismus zu, der nichts als sicher anerkennt und der sein höchstes Ziel im Ego des Einzelnen und in den Wünschen des Einzelnen hat.“ Der Relativismus motiviere dazu, sich von jeder Richtungsänderung der Lehrmeinung mitreißen zu lassen. Der Kardinal warnt auch vor Sekten und Ideologien wie etwa Marxismus, Liberalismus, Atheismus und Agnostizismus. Sie bedrohen vor allem den katholischen Glauben. Am Ende seiner Predigt brandet Beifall auf.

„Bei der Beerdigung“, so urteilt ein Geistlicher treffend, „da spürten wir das Herz Joseph Ratzingers. In der Predigt vor dem Konklave – da spürten wir seine Kraft. Was brauchen wir mehr?“

Unter Michelangelos Jüngstem Gericht

Am Montagnachmittag um 16.30 Uhr ziehen die 115 Papstwähler aus aller Welt in feierlicher Prozession betend und singend in die Sixtinische Kapelle. Mit dem Lied „Veni Creator spiritus“ – „Komm, Schöpfer Geist, kehr bei uns ein …“ erflehen sie den Beistand des Heiligen Geistes.

An der Stirnwand der Kapelle prangt Michelangelos „Jüngstes Gericht“ und an deren Gewölbe haucht Gott dem ersten Menschen das Leben ein. Das bedeutendste Fresko in der Runde ist jedoch das Bild „Die Übergabe der Schlüssel an den Heiligen Petrus“ von Perugino. Darauf ist zu sehen, wie Jesus dem Petrus den Schlüssel überreicht und ihn dadurch zum Stellvertreter auf Erden bestimmt. Der Platz unter diesem Bild war bis ins 16. Jahrhundert heiß begehrt, nachdem mehrfach Kardinäle, die darunter saßen, zum Papst gewählt wurden. Nach zunehmendem Gerangel um diesen Platz blieb dem Zeremonienmeister nichts anderes übrig, als die Sitze zu verlosen. Wer diesmal den Platz bekommt, ist nicht bekannt.

Die Sixtinische Kapelle ist 40 Meter lang und etwa 14 Meter breit. Die 115 Kardinäle sitzen an jeder Längsseite der Kapelle auf einfachen Sesseln mit Kniebank in zwei Reihen an Tischen, die mit rotem Velours bezogen sind. Nach dem Einzug spricht der Wahlleiter, Kardinal Ratzinger, die Eidesformel: „Vor allem aber versprechen und schwören wir, Geheimhaltung über alles zu wahren, was in irgendeiner Weise die Wahl des Papstes betrifft.“ Fast eine Stunde dauert es, bis alle 115 Kardinäle den Eid geleistet haben. Unter dem Bild des Gekreuzigten legen sie die Hand auf das Evangelium und sprechen: „So wahr mir Gott helfe.“

„Alle hinaus!“

Mit dem Ruf „Extra omnes!“ – es ist mittlerweile 17.25 Uhr – verlassen alle nicht Berufenen die Kapelle, das Haupttor fällt ins Schloss. Kardinal Piero Marini dreht von innen den Schlüssel herum, von außen werden die Türflügel versiegelt. Die Fenster und die Seitentüren der Kapelle sind zugemauert. Das Essen für die Kardinäle kochen die Schwestern des „Domus Sanctae Marthae", des vatikanischen Hotels. Die Mahlzeiten werden den Kardinälen durch eine Drehklappe hereingeschwenkt. Absolut nichts mehr dringt nun von draußen nach drinnen, nichts mehr von drinnen nach draußen durch diese Türe, bis ein neuer Pontifex gewählt ist. Dazu sind oft mehrere Wahlgänge erforderlich.

Drei Wahlarten

Die Papst-Wahl kann auf drei Arten erfolgen.

Die geheime Abstimmung stellt das übliche Verfahren dar, bei der einer der Kardinäle eine Zwei-Drittel-Mehrheit der Stimmen auf sich vereinigen muss. Dieses Verfahren kommt auch bei der Wahl 2005 zur Anwendung.

Bei der *Inspiration* schlägt einer der Kardinäle dem Kollegium einen Kandidaten vor. Nur wenn alle Kardinäle laut „eligo" –„ich wähle ihn" rufen, ist er gewählt. Sollte jemand nicht mehr sprechen können, darf er das Wort niederschreiben.

Beim *Kompromiss* übertragen die Kardinäle ihr Wahlrecht, ebenfalls einstimmig, auf einen Ausschuss, der mindestens aus drei Mitgliedern bestehen muss.

Die deutschen Papstwähler

Aus Deutschland sind sechs Kardinäle zur Papstwahl zugelassen. Der älteste von ihnen ist mit 78 Jahren Joseph Ratzinger, einer der einflussreichsten Männer der katholischen Kirche, der jüngste der 68-jährige Mainzer Kardinal Karl Lehmann, ein liberaler Theologe und außerdem Chef der deutschen Bischofskonferenz. Ein Jahr älter als er ist der 69-jährige Berliner Kardinal Georg Sterzinsky, der wichtigste Vertreter der Kirche in Ostdeutschland. Der Münchner Kardinal Friedrich Wetter ist mit seinen 77 Jahren nach Ratzinger, der nach über zwei Jahrzehnten Romaufenthalt mittlerweile als Römer gilt, der dienstälteste deutsche Kardinal. Mit 71 Jahren stehen der Kölner Kardinal Joachim Meisner, ein konservativer, volksnaher Mann, und der 72-jährige schwäbische liberale Kurienkardinal Walter Kasper, Präsident des Einheitsrates im Vatikan und nach Ratzinger einflussreichster Deutscher in Rom, altersmäßig zwischen Ratzinger und Lehmann.

Aus Europa kommen mit 58 Kardinälen übrigens knapp die Hälfte der Papstwähler, davon 20 Italiener. Die Amerikaner stellen 35 Wahlmänner und die Australier zwei. Aus Afrika und Asien ziehen je 11 Purpurträger in die Sixtina ein. Von den insgesamt 117 Kardinälen scheiden zwei wegen Erkrankung aus.

„Eligo in Summum Pontificem …“

Die Kardinäle schreiten noch am Abend zur ersten Abstimmung. Gewählt wird auf Lateinisch. Auf dem rechteckigen Wahlzettel, den jeder Kardinal erhält, finden sich die Worte „Eligo in Summum Pontificem“, das heißt „Ich wähle zum höchsten Brückenbauer, zum Papst …“ Auf dem Stimmzettel ist also nur noch der Name des Favoriten einzutragen.

Jeder wahlberechtigte Kardinal bringt den Stimmzettel, nachdem er ihn ausgefüllt und gefaltet hat, nach Rangordnung und für alle sichtbar mit erhobener Hand zum Altar, der direkt unter Michelangelos „Jüngstem Gericht“ steht. Er legt den Stimmzettel auf den Teller. Bevor er den Wahlschein in die Urne gibt, spricht er: „Ich rufe Christus, der mein Richter sein wird, zum Zeugen an, dass ich den gewählt habe, von dem ich glaube, dass er nach Gottes Willen gewählt werden sollte.“ Dann versenkt er seinen Zettel in der Urne. Hierauf macht er eine Verneigung zum Altar hin und kehrt zu seinem Platz zurück.

Erstmals stehen drei statt zwei Wahlurnen zur Verfügung. Sie sind aus Silber und Bronze und mit biblischen Szenen versehen. Gestaltet hat sie der italienische Künstler Cecco Bonanotte. Zwei der Urnen werden in der Sixtinischen Kapelle aufgestellt, in der dritten werden die Stimmen derer gesammelt, die das Gästehaus „Sanctae Marthae“ nicht verlassen können.

Nach Auszählung der Stimmzettel kann festgestellt werden, ob einer der Anwesenden die erforderliche Stimmenzahl auf sich vereinigen kann. Für einen Wahlsieg ist eine Zwei-Drittel-Mehrheit erforderlich, das heißt von den 115 Kardinälen müssen sich 77 auf eine Person einigen. Ist das nicht der Fall, erfolgt ein neuer Wahlgang. Jeden Tag finden vier Wahlgänge statt, zwei vormittags und zwei nachmittags.

Sind mehr als 30 Wahlgänge erforderlich, ist es nach dem 30. Wahlgang den Kardinälen gestattet, entweder eine Stichwahl unter den beiden am häufigsten genannten Kandidaten zu beschließen oder festzulegen, dass vom nächsten Wahlgang an die absolute Mehrheit ausreicht.

Geheimnisvolle Rauchzeichen

Die auf dem Petersplatz ausharrende Menge wird jeweils nach zwei Wahlgängen vom Wahlergebnis durch Rauchzeichen informiert. Zu diesem Zweck ist auf dem Dach der Sixtinischen Kapelle ein Kamin errichtet. Er ist mit einem Kanonenofen aus Gusseisen verbunden, der gleich am Haupteingang zur Sixtinischen Kapelle platziert ist. In diesem Ofen werden die Stimmzettel der Kardinäle nach der Verlesung der Namen zusammen mit den übrigen Notizen verbrannt. Zuvor werden alle Zettel gelocht und auf einen Faden aufgefädelt, damit ja keiner verloren geht. Schließlich ist es eine geheime Wahl.

Millionen Katholiken in aller Welt warten gespannt auf die Farbe des Rauches. Schwarzer Rauch wird durch Hinzufügung von Öl oder Pech erzeugt. Er zeigt an, dass die Wahl noch kein Ergebnis gebracht hat. Nasses Stroh ergibt weißen Rauch. Er kündigt eine erfolgreiche Wahl an. Die Beimischung entsprechender Chemikalien sorgt dafür, dass die Farbe des Rauchs eindeutig erkennbar ist.

Da oft mehrere Wahlgänge erforderlich sind, kann eine Papstwahl einige Tage dauern. Früher waren die Kardinäle beim Konklave in den kargen, an die Kapelle grenzenden Borgia-Räumen – kleinen Zellen mit einem Eisenbett und einem Betschemel – noch sehr unkomfortabel untergebracht. 2005 nächtigen sie erstmals in geräumigeren Einzelzimmern, gemütlicheren Suiten oder in Appartements des vatikaneigenen Hotels, die per Los verteilt werden. Fernsehen oder Radio, Zeitungen und Telefon gibt es dort allerdings nicht. Die Fenster bleiben geschlossen, die Vorhänge zugezogen. Von ihrem Quartier werden die Kardinäle während des Konklaves morgens mit Bussen in die einen Kilometer entfernte Sixtina gebracht.

Von Beginn der Papstwahl an sind Fernsehkameras und die Fotoobjektive der Journalisten auf den Balkon des Vatikan gerichtet. Auch sie warten auf den neuen Pontifex, der sich hier nach der Wahl in der Öffentlichkeit zeigen wird. Natürlich liegt schon das neue weiße Papstgewand bereit, sicherheitshalber sogar in drei verschiedenen Größen, gefertigt von der römischen Schneiderwerkstatt Gammarelli.

Schwarzer Rauch – weiter warten!

Am Montag, den 18. April, um 20.04 Uhr wolkt das erste Rauchzeichen aus dem Schornstein der Sixtinischen Kapelle. Zehntausende Zuschauer, die der Ansicht sind, der Rauch sei weiß, brechen gleich in Jubel aus, erkennen allerdings rasch ihren Irrtum. Es ist schwarzer Rauch. Ein Mitarbeiter des Vatikan meint: „Sie sind noch dabei zu lernen, wie sie mit den chemischen Zusätzen umgehen müssen." Es scheint nicht so einfach zu sein, die entsprechenden Substanzen beizumischen, damit schwarzer beziehungsweise weißer Rauch aufsteigt.

Der erste Wahlgang hat also noch keine Mehrheit ergeben, was angesichts der erheblichen Unterschiede in dem Kollegium der aus 52 Ländern kommenden Kardinäle nicht überraschend ist. Ein neuer Wahlgang wird erst am nächsten Tag stattfinden.

Um 9 Uhr morgens, am Dienstag, den 19. April, versammeln sich die Kardinäle erneut hinter den verschlossenen Türen der Sixtinischen Kapelle. Um 11.50 Uhr steigt, gemeinsam für den zweiten und dritten Wahlgang, aus dem Schlot schwarzer Rauch auf. Noch immer ist kein neuer Papst gefunden.

Er hielt den Kopf gesenkt und betete

Nach einer Mittagspause begeben sich die ranghöchsten Würdenträger abermals hinter die verschlossenen Türen der Sixtinischen Kapelle. Es geht in eine neue Wahlrunde. Im vierten Wahlgang scheint es endlich so weit zu sein.

Gegen 17.30 Uhr gibt es in der Sixtina dramatische Augenblicke.

Zum vierten Mal erfolgt die Auszählung der 115 Stimmen. Immer wieder fällt der Name des Kardinals Joseph Ratzinger. Nachdem er zum 77. Mal genannt wird, wissen alle, die Zweidrittel-Mehrheit ist erreicht, ein neuer Papst ist gewählt. Alle Kardinäle erheben sich spontan und applaudieren. Einige können die Tränen nicht mehr zurückhalten, so auch der Münchner Kardinal Friedrich Wetter, der nach der Wahl gesteht: „Ich habe mein Gesicht verhüllt, ich hab' geheult vor Rührung und ich war nicht der einzige."

Kardinal Ratzinger steht auf und nimmt wie benommen den Beifall entgegen. Dann werden die restlichen Stimmen ausgezählt. Danach erheben sich die Kardinäle erneut, um nochmals zu applaudieren, denn Joseph Ratzinger ist mit überwältigender Mehrheit zum neuen Papst gewählt. Er hat die „Schallmauer", die bei 77 Stimmen liegt, weit durchbrochen.

Jetzt wird der neue Papst in die Mitte der Sixtinischen Kapelle geführt. Dort übernimmt Ratzingers Stellvertreter als Kardinaldekan, Vizedekan Angelo Sodano, die ursprünglich für den Deutschen reservierte Frage: „Accipisne electionem? – Nimmst du die Wahl an?" Joseph Ratzinger sagt nicht sofort „Ja". Erst nach einer Pause ertönt seine Antwort: „Accepto" und er fügt hinzu: „Dem Heiligen Geist gehorsam nehme ich die Wahl an." Ein weiteres Mal wird von den 114 Kardinälen applaudiert. Ratzinger hält den Kopf gesenkt. Er scheint die hohe Verantwortung, die auf seinen Schultern lastet, zu spüren. Er ist gerührt, äußerst ernst und ruhig. Er scheint auch zu beten. Später gesteht er, dass seine Wahl für ihn eine Überraschung gewesen sei. Sie habe ihn in einen Zustand innerer Aufruhr versetzt. Das Gefühl der Unzulänglichkeit habe ihn übermannt.

Nun wird er gefragt, welchen Namen er als Papst wähle. Ratzinger antwortet: „Benedikt XVI." Er entscheidet sich für diesen Namen, weil er sich an Benedikt XV. (1914 –1922) orientieren möchte, der während des Ersten Weltkriegs viel für den Friedensprozess zwischen den Völkern getan hat. Die bisherigen 264 Päpste entschieden sich übrigens für 81 verschiedene Namen, wobei Johannes 23-mal und damit am häufigsten gewählt wurde. Nur einmal und somit am seltensten fiel die Wahl auf den Namen Lando.

Im „Zimmer der Tränen"

Jetzt wird Benedikt XVI. vom päpstlichen Zeremonienmeister in die mysteriöse „Camera lachrimatoria", in das „Zimmer der Tränen", geleitet. Dabei handelt es sich um eine winzige, drei mal drei Meter große Kammer neben der Sixtinischen Kapelle, direkt hinter der Wand mit Michelangelos Gemälde vom Jüngsten Gericht gelegen. In diesem kleinsten Raum im Vatikan lässt man den neuen Pontifex allein, damit er seinen Gefühlen freien Lauf lassen kann. Nicht selten werden die Frischgewählten angesichts der Tragweite und Last des künftigen Amtes von ihren Emotionen derart übermannt, dass sie in Tränen ausbrechen. Sie können sich dann kurz auf ein schlichtes rotfarbenes Sofa, eine Art Chaiselongue, setzen und sich aus einer Karaffe, die auf einer Anrichte steht, ein Gläschen Cognac genehmigen.

Nach einiger Zeit werden dem neuen Papst die päpstlichen Gewänder in die Kammer gereicht, aus denen er sich jene Teile aussucht, die seiner Körpergröße und Figur entsprechen. Er legt seine dunkelrote Kardinals-Soutane ab und kleidet sich in das päpstliche Weiß. Aus mehreren Paaren roter Schuhe in den gängigen Größen 40 bis 45 wählt er dann das ihm passende Paar aus. Auf den Kopf setzt er sich das weiße Scheitelkäppchen, den Pileolus. Danach kehrt er in die Kapelle zurück, um den ersten Handkuss der Kardinäle entgegenzunehmen, ein Zeichen dafür, dass sie ihn als ihr neues Oberhaupt akzeptieren.

Applaus empfängt ihn. Die Kardinäle bemerken, dass ihm das Papst-Gewand nicht auf Anhieb passt. „Er sah ein bisschen zusammengeflickt aus", erinnert sich der Kölner Kardinal Meisner später. Der päpstliche Talar und die Stola saßen etwas schief, auch die Schuhe seien zu groß gewesen. Außerdem hätten alle gedacht, er habe den Pileolus – das weiße Papst-Käppchen – vergessen. Aber dann kam es den Kardinälen: „Der Pileolus ist so weiß wie sein Haar, den sieht man gar nicht."

Sixtina durch eine Panne vernebelt

Mittlerweile werden die Wahlzettel verbrannt. Um 17.49 Uhr steigt Rauch aus dem Kamin der Sixtinischen Kapelle, dessen Farbe allerdings zunächst unklar ist. Gespannte Unsicherheit kommt auf: Ist der Rauch nun schwarz, grau oder weiß? „Bianco o nero? Bianco o nero?" bestürmen sich die aufgeregten Menschen gegenseitig. Und wo bleibt das Glockengeläut, das die letzte Bestätigung bringen kann? Eine Viertelstunde wartet die Menge vergeblich darauf.

Der erste Versuch, weißen Rauch aus dem Schornstein steigen zu lassen, so hieß es später, sei tatsächlich missglückt. Angeblich, so hört man, habe es wegen Rückständen im Ofen Probleme mit dem Entzünden des Feuers gegeben. Plötzlich sei die ganze Kapelle unter Rauch gestanden. Aber rasch bekommt man die Situation wieder in den Griff.

Weißer Rauch und Glockendonner

Es wird immer deutlicher, der Rauch ist weiß. „Fumata bianca!" wie die Italiener sagen. Plötzlich setzen die Glocken des Petersdomes ein und verkünden der Welt die erfolgreiche Wahl des neuen Papstes. Die auf dem Petersplatz versammelte Menge beginnt zu klatschen und zu jubeln. Rufe in Sprechchören sind zu hören: „Viva il Papa!" – „Lang lebe der Papst!". Der Jubel wird immer donnernder. Auf den Straßen der Ewigen Stadt ertönen ohrenbetäubende Hupkonzerte. Geschäftsleute schließen ihre Läden, um den neuen Papst zu sehen. Aus allen Ecken Roms strömen die Menschen auf den Petersplatz. Selbst Nonnen raffen ihre langen Röcke hoch und fangen zu rennen an, ebenso Priester und Seminaristen in ihren Talaren.

Die Glocken läuten jetzt schon eine Viertel Stunde. Radio Vatikan meldet: „Es hat nur 24 Stunden gedauert, erstaunlich, wie schnell der neue Papst gewählt wurde." In der Tat ist diese Wahl eine der kürzesten in der jüngeren Kirchengeschichte.

Die Nachricht lockt immer mehr Leute an, die sich auf den Petersplatz drängen, der sich bald mit 100.000 Menschen füllt. Viele liegen sich lachend und weinend in den Armen. Manche beginnen den Rosenkranz zu beten. Doch es dauert noch fast eine Stunde, bis der Name des neuen Papstes verkündet wird und sich das neue Oberhaupt auf dem Balkon des Petersdomes zeigt.

Joseph Ratzinger ist Papst Benedikt XVI.

Um 18.43 Uhr erscheinen die Kardinäle in ihren leuchtend roten Kleidern auf dem Balkon des Petersdomes und der ranghöchste Kardinal-Diakon, der Chilene Jorge Arturo Medina Estevez gibt die Entscheidung mit den Worten bekannt: „Annuntio vobis gaudium magnum: habemus Papam!“ – „Ich verkünde euch eine große Freude, wir haben einen Papst!“ Stimmzahlen jedoch oder die Namen unterlegener Kandidaten gibt er nicht preis. Als sich der Jubel etwas legt, verkündet er:

„Eminentissimum ac Reverendissimum Dominum, Dominum Josephum, Sanctae Romanae Ecclesiae Cardinalem Ratzinger qui sibi nomen imposuit Benedictus Sedecimus.“

„Seine Eminenz, den hochwürdigsten Herrn, den Herrn Joseph, Kardinal der Heiligen Römischen Kirche, Ratzinger, der sich den Namen Benedikt XVI. gegeben hat.“

Jetzt weiß es die ganze Welt. „Un papa tedesco!“ Ein Deutscher ist Papst geworden. Erneut brandet endloser Jubel auf, Fahnen werden geschwenkt. Es regnet. „Segen von oben“, raunen sich manche ins Ohr, und die Menge wartet sehnsüchtig, dass sich der neu gewählte Pontifex nun endlich auf dem Balkon zeigt. „Mit dieser Wahl“, so heißt es, „ist das Sprichwort widerlegt, das besagt: Wer als Papst in das Konklave einzieht, kommt als Kardinal wieder heraus.“

„Benedikt! Benedikt!“ – weltweite Freude

Dann ist es so weit. Die Fensterflügel öffnen sich, atemlose Stille. Der rote Samtvorhang schwingt herein, eine kleine dramaturgische Verzögerung und Benedikt XVI. tritt um 18.48 Uhr in weißer Robe auf die „Loggia delle Benedizioni“, die Segensloggia des Petersdoms. In seinem leicht professoralen Gestus beinahe schüchtern und mit

Bedacht setzt er den ersten Schritt auf den Balkon, als ob er sich bewusst ist, dass er eine Feuerprobe zu bestehen hat. Tief unten auf dem Petersplatz recken Zehntausende Menschen die Hälse. Dann explodiert der Applaus: „Beee-ne-det-to! Beee-ne-det-to!“ skandiert die Menge begeistert.

Es dauert einige Zeit, bis ein schüchternes Lächeln über sein Gesicht huscht. Dann erst breitet er strahlend vor Freude seine Arme aus und beginnt noch recht ungelenk zu winken. Frenetischer Jubel umrauscht den gebürtigen Oberbayern. Nicht enden wollende Sprechchöre „Beee-ne-det-to! Beee-ne-det-to!“ zeigen ihm, wie sehr sich die Menschen über seine Wahl freuen. Ratzinger ist von der Zuneigung tief berührt. Inmitten seiner Kardinäle winkt er immer wieder aufs Neue der Menge zu.

Aber was geht ihm in diesen Minuten wirklich durch den Kopf? Lange war sein Weg vom schüchternen Schulbuben zum mächtigsten Mann der Kirche. Er ist nun weltweit für 1,1 Milliarden Katholiken verantwortlich, also für immerhin 17, 2 Prozent der Weltbevölkerung, und er weiß um deren Sehnsüchte und Wünsche, die er wohl auch in dem Jubel vernommen haben wird. „Mehr Ökumene und Offenheit“, tönt es aus Deutschland. „Mehr Gerechtigkeit“, rufen die Unterdrückten der Dritten Welt. „Mehr Toleranz gegen innerkirchliche Opponenten“, fordern die Kritiker. Und inmitten dieser auseinander treibenden Kräfte winkt einsam und alt, lächelnd und besorgt der neue Stellvertreter Christi auf Erden, dem das Jesus-Wort in den Ohren dröhnt: „Du bist Petrus, der Fels, und auf diesen Felsen will ich meine Kirche bauen, und die Mächte der Finsternis werden sie nicht überwältigen.“

Welch eine Bürde, welch eine Verantwortung! Eine Milliarde Katholiken schauen in diesem Augenblick auf ihn und nur eine Frage geht den meisten durch den Kopf: „Wohin, Heiliger Vater, wirst du deine Kirche führen? Welche Wege wirst du gehen?“

Der aus Bayern stammende Papst Benedikt XVI., ehemals Joseph Kardinal Ratzinger

Benedikts erste Worte

„Liebe Brüder und Schwestern", beginnt Benedikt XVI. mit weicher, leicht bebender, aber doch auch präzise artikulierender Stimme, immer wieder von ohrenbetäubendem Lärm unterbrochen. „Nach dem großen Papst Johannes Paul II. haben die Herren Kardinäle mich, einen einfachen und bescheidenen Arbeiter im Weinberg des Herrn, gewählt. Mich tröstet die Tatsache, dass der Herr auch mit ungenügenden Werkzeugen zu arbeiten und zu handeln weiß. Vor allem vertraue ich mich eueren Gebeten an." Beifall braust auf. Dann äußert der neue Papst die Zuversicht, dass ihm auch

Maria, die Mutter des Herrn, zur Seite stehen werde. Erneut bricht die Menschenmenge in stürmischen Jubel aus. „Viva Benedetto" rufen sie in rhythmischem Chor.

Nun spendet Benedikt XVI. der Menschheit erstmals den päpstlichen Segen Urbi et Orbi – Der Stadt und dem Erdkreis. Tausende bekreuzigen sich, viele beugen die Knie vor dem neu gewählten Stellvertreter Christi auf Erden.

„Bombenstimmung" – Nonnen bieten Sekt an

Danach zieht sich der neue Papst mit den 114 Kardinälen ins Gästehaus Santa Marta im Vatikan zum Abendessen zurück. „Als er in den Speisesaal kam, war er auch in Bezug auf seine Kleidung perfetto", bestätigt der Kölner Kardinal Meisner mit humorvollem Augenzwinkern. Der Papst-Schneider Annibale Gamarelli hatte bis zum Abendessen einiges am Outfit in Ordnung gebracht. „Nun war alles überstanden", so Meisner. „Da ist eine Last von uns abgefallen … Wir waren wie fröhliche Kinder, die mit ihrem Vater zusammensaßen." Bohnensuppe, Salat und Schnitzel werden serviert und alle sind bester Laune. Zum Abschluss des Dinners halten die Schwestern, die die Kardinäle schon seit Sonntag bekochen, noch ein leckeres Dessert bereit. Es gibt eine Süßspeise mit Eis und danach zaubern die Nonnen noch ein Gläschen Sekt hervor, damit alle auf die erfolgreiche Wahl anstoßen können. „Es war eine Bombenstimmung", beschreibt Meisner das Abendessen mit dem neuen Pontifex.

Belastendes Geburtstagsgeschenk

Erst drei Tage sind vergangen, seit Ratzinger am 16. April noch als Kardinal seinen 78. Geburtstag in aller Stille beging. Eine laute Feier war wegen der anhaltenden Trauer um den Tod Papst Johannes Paul II. nicht vorgesehen. Deshalb marschierte auch keine Abordnung der bayerischen Gebirgsschützen auf den Petersplatz, um dort Salutschüsse zu Ehren ihres Ehrenmitgliedes abzufeuern, wie sie das sonst immer zu tun pflegten.

Der Jubel bricht erst jetzt los, am frühen Abend des 19. April, als Ratzinger zum Papst gewählt ist. Zweifellos ein schönes und nur wenig verspätetes Geburtstagsgeschenk für den Bayern, das aber mit einer großen Verantwortung verbunden ist, die ohne Frage während der gesamten Amtszeit schwer auf ihm lasten wird.

Sorge um die Gesundheit

In alle Freude mischen sich auch Bedenken. Nicht nur Ratzingers Bruder Georg, der sich gar nicht so recht freuen will, bangt um die Gesundheit des neuen 78-jährigen „Pontifex Maximus“, des nunmehr „obersten Brückenbauers“. „Ich habe gehofft, dieser Kelch würde an ihm vorübergehen“, gesteht der 81-jährige Prälat. „Ich habe geglaubt, dass das hohe Alter und eine nicht sehr stabile Gesundheit ein Grund für die Kardinäle seien, jemand anderen zu suchen. Seine Wahl zum Papst kam für mich völlig unerwartet und unverhofft und es wär mir lieber gewesen, wenn es anders gelaufen wäre. Ich hoffe nur, dass seine Gesundheit standhält. Man sieht immer nur das Äußere des Amtes, nicht aber die große Verantwortung und das Übermaß an Arbeit, das auf ihn zukommt.“

Ein Blick in die Krankenakte des neuen Papstes erklärt die Ängste seines Bruders und die der anderen Menschen. Im September 1991 musste Joseph Ratzinger mit einem Blutgerinnsel im Gehirn einen Monat im Krankenhaus bleiben. Seither ist das Sehvermögen des linken Auges beeinträchtigt. Unbestätigt ist ein weiterer Schlaganfall im Jahr darauf, als Ratzinger im Urlaub angeblich „in der Badewanne ausrutschte“ und sich am Kopf verletzte. Auch mit seinem Kreislauf ist es nicht zum Besten bestellt. Wegen Alterszuckers muss er auch in Bezug auf Süßigkeiten zurückhaltend sein. Und auf Wein reagiert er allergisch mit Kopfschmerzen und sogar mit asthmatischen Anfällen. Gleichwohl kann er die Heilige Messe mit einem kleinen Schluck süßen Messweins zelebrieren.

Auch viele andere Menschen fragen sich jetzt, ob Papst Benedikt XVI. wegen seines hohen Alters und seines gesundheitlichen Zustandes dem schweren Amt gewachsen sein wird. Immerhin ist er der älteste neu gewählte Papst seit 275 Jahren, seit Klemens XII. (1730).

Ganz anderer Ansicht bezüglich der körperlichen Verfassung Benedikts ist der Berliner Kardinal Georg Sterzinsky: „Der Papst wirkt frisch“, so sein launiges Urteil, „seine körperliche Verfassung ist gut. Er braucht keinen Lift, sondern springt die Treppen des Vatikan wie ein Junger hoch. Er steht voll im Saft.“

Ratzinger selbst kommentiert übrigens die Frage, warum er den Namen Benedikt gewählt habe, mit der ironischen Bemerkung, dass das Pontifikat des letzten Inhabers dieses Papstnamens, Benedikt XV., ein kurzes gewesen sei. Es habe nur vier Jahre gedauert. Auch die Amtszeit Benedikt I. währte nicht länger, von 575 bis 579. 18 Jahre regierte hingegen Papst Benedikt XIV., nämlich von 1740 bis 1758, was Benedikt XVI., so wünschen sich seine Anhänger, dringend zur Nachahmung empfohlen sei.

Ein Papst ist nie allein

Georg Ratzinger ist darüber hinaus enttäuscht, dass das hohe Amt seinen Bruder daran hindern wird, wie in der Vergangenheit die enge Familienbeziehung nach Regensburg zu halten. „Die Wahl meines Bruders zum Papst ist keine uneingeschränkte Freude. Der Kontakt und das Zusammensein werden seltener werden, denn ein Papst ist nie allein. Die Familie muss hinter den Anforderungen des Papst-Amtes zurückstehen. Die große Verantwortung, das Übermaß an Arbeit und das Verlorengehen persönlicher Kontakte zählen zu den Schattenseiten des Amtes. Aber es ist eben der Wille Gottes und die Eingebung des Heiligen Geistes gewesen. Dem muss man sich beugen.“

In Deutschland jedoch, und vor allem in Bayern, überwiegt ganz im Gegensatz zum päpstlichen Bruder die Freude und Begeisterung über Ratzingers Wahl zum Papst.

Bayern spielt verrückt

Nach der Wahl von Joseph Ratzinger zum neuen Papst ordnet der bayerische Ministerpräsident Edmund Stoiber die Beflaggung aller staatlichen Gebäude im Freistaat an. Die Wahl eines Bayern und Deutschen, so Stoiber, sei ein historisches Ereignis.

Im oberbayerischen Trostberg beginnen plötzlich alle Kirchenglocken zu läuten wie von höherer Hand. Als sich das Geläut von herbeigerufenen Polizeibeamten nicht abstellen lässt, müssen die Sicherungen herausgedreht werden. Besondere Aufregung aber kann man in Marktl am Inn erleben, einem Dorf mit rund 2800 Einwohnern, abseits gelegen im Drei-Länder-Eck Oberbayern, Niederbayern, Österreich.

„Habemus Bavaricum!“ – Marktl feiert

Marktl am Inn, der bayerische Geburtsort des neuen Papstes, ist vor Freude über die Wahl seines Ehrenbürgers zum Papst zuerst wie gelähmt. Dann sind die Einwohner völlig aus dem Häuschen. Hunderte von Menschen strömen auf die Straße, schwenken begeistert gelb-weiße Fahnen, liegen sich lachend und strahlend in den Armen. Manche weinen vor Freude. Dann versammeln sie sich zum Dankgottesdienst in der Dorfkirche, die rasch überfüllt ist. Die Feuerschützen Stammham marschieren auf und schießen sechsmal Salut. Der strömende Regen treibt die Bürger schließlich in den Gemeindesaal, wo ein Bild Ratzingers vor rotem Hintergrund und geschmückt mit grünen Girlanden aufgestellt wird. Den Regen empfindet man als den vom Himmel strömenden Segen auf die Dorfgemeinschaft. Eine Blaskapelle spielt auf und die Freiwillige Feuerwehr hilft beim Ausschank des Freibiers, das von der Gemeinde trotz knapper Kassen gespendet wird.

Die Leute beginnen zu diskutieren. Die einen können sich vor Freude über die Wahl Ratzingers nicht fassen, andere sind etwas skeptischer beim Blick auf den ehemaligen Präfekten der Glaubenskongregation, der als streng und konservativ gilt.

Es dauert nicht lange und Dutzende von Kamerateams, Fotografen und Reporter aus dem In- und Ausland brechen in die Ortschaft ein, so dass sich die Feuerwehr gezwungen sieht, den ganzen Ort für den Autoverkehr zu sperren. Sie interviewen den Bürgermeister Hubert Gschwendtner, der die Hoffnung äußert, dass seine kleine Gemeinde nun sicher bekannter wird. Er erwartet sich, dass schon in Kürze Pilger und Touristen zum Geburtshaus Ratzingers anreisen, zumal auch der berühmte Wallfahrtsort Altötting ganz in der Nähe liegt. Das uralte „Maut- und Zollhaus" am Marktplatz 11 aus dem Jahr 1745 mit 336 Quadratmetern Innenfläche, in dem Ratzinger zur Welt kam, verdoppelt gleich nach der Papstwahl seinen Wert und kostet nunmehr weit über 400.000 Euro. Die Gemeinde denkt daran, es der derzeitigen Eigentümerin abzukaufen, um daraus ein Benedikt-Museum zu machen. Der Text der dort angebrachten Erinnerungstafel wird jedenfalls schon einmal auf den neuesten Stand gebracht.

Taufstein und Ehrenbürgerurkunde

Im Heimatmuseum von Marktl ist außerdem der neugotische Taufstein als Sehenswürdigkeit ausgestellt. Über ihm wurde die Stirn des neugeborenen Joseph bei der Taufe mit Osterwasser benetzt. Dabei handelt es sich um eine sechseckige, mit Engelsköpfen verzierte Steinmetzarbeit, die lange Zeit als nicht zeitgemäß galt und die deshalb im Pfarrgarten landete. Erst 1992 fand das sakrale Kunstwerk seinen neuen Platz im Heimatmuseum. Die Gemeinde ließ es gleich vorsorglich patentieren, ebenso wie das Gemeindewappen. Auch die Wiege des kleinen Joseph soll noch erhalten sein. Wer mit all diesen Elementen auf Postkarten werben möchte, muss künftig zum Segen für die nicht allzu volle Gemeindekasse Lizenzgebühren berappen.

Im Rathaus ist zudem die Ehrenbürgerurkunde einsehbar und sicher wird noch nach anderen „Ratzinger-Reliquien" gesucht. „In Marktl ist die Benedikt-Zeit angebrochen!" oder wie es ohne jede Despektierlichkeit auf Bayerisch heißt: „In Marktl is der Deifi los!" Dieser Ansicht sind viele Bürger von „papa town", wie Benedikts Geburtsort bei Touristen schon längst heißt.

Pentling ist „aus dem Häuschen"

Natürlich herrscht auch im Regensburger Vorort Pentling Riesenfreude, jener Gemeinde, in der Kardinal Joseph Ratzinger ein schlichtes Haus in der Bergstraße besitzt, äußerst spartanisch möbliert. In diesem privaten Refugium erholte er sich immer wieder einmal und hatte für einige Wochen Ruhe vor Rom und der Welt. Seit er in der Kurie in Rom arbeitete, kam er jedes Jahr etwa vier Mal hierher, von Christi Himmelfahrt bis zum Pfingstsonntag, im August für zwei Wochen Urlaub, am 2. November zum Todestag seiner Schwester Maria und an Weihnachten.

Im Einwohnerregister ist er als Bürger registriert. Auf dem Ziegetsdorfer Friedhof nahe Pentling liegt das Grab seiner Eltern und seiner geliebten Schwester Maria. In Pentling leben auch Leute, die ihm auf der Straße begegnet sind, die sich mit ihm von Mensch zu Mensch unterhalten haben oder die bei seinen Gottesdiensten als Ministranten am Altar dienten.

Gleich nach der Papstwahl hissen die Pentlinger eine Fahne und lassen die Kirchenglocken läuten. Viele fahren spontan nach Regensburg, um im Dom mit den anderen das sensationelle Ereignis gebührend zu feiern.

Tedeum im Regensburger Dom

Die Regensburger Fürstin Gloria von Thurn und Taxis befindet sich bei Benedikts erstem Auftritt vor Ort auf dem Petersplatz. Sie fällt überglücklich auf die Knie. Ins Handy ruft sie: „It's partytime. We have a place in heaven!" – „'s ist Zeit zum Feiern! Wir haben einen Platz im Himmel!" So fühlen sich auch die anderen Regensburger. Wenige Minuten, nachdem Radio und Fernsehen Ratzingers Wahl zum Papst melden, erwacht die Domstadt zu ungewohntem Leben. Feuerwehren aus Stadt und Landkreis rücken aus in Richtung Gotteshaus. Katholische Vereine, Kolpingsfamilien und Chargierte ziehen mit Bannern zur Kathedrale. Bald sind die Kirchenbänke bis auf den letzten Platz gefüllt. Auch in den Gängen und in den Seitenschiffen drängen sich die Menschen, darunter viele junge

Leute, um an der enthusiastischen Feier und am großen Tedeum – „Großer Gott wir loben dich …“ – teilzunehmen.

Minutenlanger Beifall brandet auf, als der Regensburger Bischof Gerhard Ludwig Müller beim Dankgottesdienst im Dom gegen 22 Uhr den rund 4000 herbeigeströmten Gläubigen verkündet: „Ein Regensburger Mitbürger, ein guter Freund und ein großer Theologe ist der neue Heilige Vater.“ Der Bischof äußert später gerührt: „Es ist schon sehr beachtlich, zu welchen Beifallsstürmen wir kühlen Deutschen, wir bodenständigen Bayern fähig sind.“

Getöse auf dem Fußballplatz

Sogar auf dem Fußballplatz sorgt Ratzingers Wahl zum Papst für Jubel. Die Anhänger des Regionalligisten SSV Jan Regensburg flippen beim Heimspiel gegen den SC Feucht schier aus, als aus dem Lautsprecher die Wahl Ratzingers bekannt gegeben wird. „Bene, Bene“-Rufe dröhnen minutenlang durchs Stadion.

Im Regensburger Stadtrat wird die Forderung laut, dass Joseph Ratzinger nun rasch zum Ehrenbürger der Stadt ernannt werden müsse und dass man nach ihm, dem ehemaligen Regensburger Professor, auch eine Straße, eine Allee oder einen Platz benennen sollte, auf alle Fälle einen bedeutenden Ort in der Stadt, und rasch müsse es geschehen.

Applaus im Münchner Liebfrauendom

Auch in München verkünden seit 18.45 Uhr die Domglocken allen Bürgern Ratzingers Wahl zum Papst. Trotz des nasskalten Abends strömen Menschen aller Altersgruppen in die Frauenkirche, die sich bis um 19.30 Uhr immer mehr füllt. Erstaunen und ungläubige Freude spiegeln sich auf vielen Gesichtern. Weihbischof Engelbert Siebler, Mitglieder des Domkapitels und der Altardienst ziehen in das mittlerweile gut gefüllte Gotteshaus ein. Die Orgel intoniert das Lied: „Frohlocket nun und jubelt laut, rühmt Gottes Macht und Stärke, preist Jakobs Gott, auf ihn nur baut, dankt ihm für seine

Werke.“ Während der Predigt erschallen Bravorufe, die Menschen stehen auf und spenden mehrfach donnernden Applaus. Auf vielen Gesichtern glänzen Tränen der Rührung. Auch München freut sich über die Wahl ihres ehemaligen Kardinals.

Sogar ehemalige Kritiker sehen den neu gewählten Papst plötzlich in ähnlichem Licht wie der SPD-Oberbürgermeister Christian Ude, der bereits vor fünf Jahren nach einem Besuch bei Ratzinger in Rom anerkennend feststellte: „Immer intensiver wird mir bewusst, keinem barocken Kirchenfürsten aus Bayern und auch keinem engstirnigen Dogmatiker, sondern einem sensiblen, vielseitig versierten, geschmeidig argumentierenden Intellektuellen gegenüber zu sitzen.“

Viele hoffen, dass Benedikt XVI. auf seinem Weg nach Köln in seiner alten Bischofsstadt Station machen wird.

Jubel der Traunsteiner Seminaristen

Die Traunsteiner wissen es, der neue Papst ist auch einer der ihren. Besonders die Schüler des Knabenseminars St. Michael auf der Wartberghöhe freuen sich. Sie dürfen Benedikt XVI., der vor 65 Jahren hier Seminarist war, zu Recht ihren ehemaligen Mitschüler nennen. Außerdem ist das Traunsteiner Studienseminar jetzt das einzige nördlich der Alpen, in dem ein Papst zur Schule ging. Deshalb ist der Jubel im Seminar unbeschreiblich. Der Direktor Thomas Frauenlob ist von der Nachricht derart überwältig, dass er in Tränen ausbricht.

Und die übrigen Traunsteiner erinnern sich gerne an das Jahr 2002. Damals feierte Joseph Ratzinger in der Pfarrkirche St. Oswald seinen 75. Geburtstag sowie sein 25-jähriges Erzbischofs- und Kardinalsjubiläum und trug sich in das goldene Buch der Stadt ein.

Immer wieder macht auch die Episode die Runde, als sich 2003 Kardinal Ratzinger spontan bereit erklärte, den Firmgottesdienst für die Seminaristen zu zelebrieren, da kein anderer Bischof zur Verfügung stand. Ohne viel Aufhebens davon zu machen, sei er gekommen, habe die 14 Jungen gefirmt und sich nach der Zeremonie auch noch die Zeit genommen, mit jedem Einzelnen von ihnen persönlich zu sprechen.

Der Freisinger Domberg bebt

„In Freising besuchte er das Priesterseminar, hier wurde er zum Priester geweiht, hier wirkte er als Lehrer für Theologiestudenten und hierher kam er immer wieder als Erzbischof und Kardinal der Erzdiözese München-Freising. Wenn das kein Grund für Freising ist, stolz darauf zu sein, dass Joseph Ratzinger nun Papst geworden ist", so freut sich ein Freisinger Bürger. „Hören Sie es nicht", meint er und deutet auf den Dom, „dass hier die Glocken nicht nur läuten, sondern richtig frohlocken, dass gleich der ganze Domberg bebt." Und so wie in Hunderten anderen bayerischen Gemeinden strömen auch in Freising am Wahlabend Tausende von Gläubigen in die Kirchen der Stadt, um Gott mit einem festlichen Gottesdienst für die Wahl Ratzingers zum Papst zu danken.

Ein Freund der Benediktinerabtei Scheyern

Scheyerns Benediktiner begeistert vor allem die Namenswahl des neuen Papstes. Diese Entscheidung ist Ausdruck der besonderen Verbundenheit des Heiligen Vaters mit seiner bayerischen Heimat. „Terra benedictina – terra benedicta" – „Benediktinische Erde – gesegnete Erde", so lautet ein altehrwürdiger Spruch in Bayern, das durch die benediktinische Lebensform seit über 1500 Jahren besonders geprägt ist. Es war Benedikt von Nursia, der im 5. und 6. Jahrhundert mit dem Umbruch von der Antike zur Neuzeit einen ebenso grundlegenden Wandel erlebte wie die Menschen heute. Seine Regel „Ora et labora" – „Bete und arbeite" gibt den Menschen nach wie vor eine christliche und ganzheitliche Antwort auf die Frage nach Sinn und Ziel des Lebens.

Regelmäßig, meist zwischen Christi Himmelfahrt und Pfingsten, verbrachte Kardinal Ratzinger in der Abtei Scheyern einige stille, private Tage, um sich von seinen Verpflichtungen zu erholen und neue Kraft zu schöpfen. Dabei ging er gerne in den Klosterwäldern rings um Scheyern spazieren. Als er sich darin einmal verlief, traf er zum Glück einen Mann, der ihn in seinem Auto mitnahm und den verirrten Gottesmann wieder auf den richtigen Weg brachte. Sicherlich ist es Ratzingers Fürsprache in Rom zu verdanken, dass die Klosterkirche im Jahre 1980 von Johannes Paul II. zur päpstlichen „Basilica minor“ erhoben wurde.

Papst-Bier und Ratzi-Cocktail

Es dauert keinen Tag und überall in Bayern, vor allem aber in Marktl, schießen die verrücktesten Kreationen aus dem Boden. Benedikt XVI. lässt den Souvenirhandel blühen. Und es ist bei Gott nicht leicht, Pietät und Kommerz sinnvoll miteinander zu verbinden.

Einige Fotos, auf denen Kardinal Ratzinger mit einem Weißbierglas und Maßkrug abgelichtet ist, scheinen die örtlichen Brauereien zu inspirieren. Mit einem Papst-Bier tun sich gleich zwei Konkurrenten hervor. Die Brauerei Weideneder hat bereits am Mittwoch im Geburtsort von Papst Benedikt XVI. das „Marktler Papstbier“ vorgestellt, das nicht nur regional und im Internet erhältlich ist. Und die Brauerei Bischofshof in Regensburg tüftelt am Rezept für ein „Habemus-Papam“-Bier mit Ratzinger-Etikett herum. Es wird eine höhere Stammwürze, dazu einen „päpstlich-goldfarbenen Spezialfarbton“ haben und außerdem besonders süffig mild sein. Der Braumeister, so heißt es, sei ein Nachbar Ratzingers aus Pentling.

Auch München lässt sich nicht lumpen, und so serviert der Inhaber der L-Bar den fruchtigen „Papa-Ratzi“-Cocktail, bestehend aus Aperol, Apricot Brandy und Maracuja-Saft, aufgegossen mit Sekt.

Ratzinger-Schnitten und Papst-Torten

Aber nicht nur mit alkoholischen Getränken begießt man den neuen Papst in seiner Heimat. Da Joseph Ratzinger bekanntlich nicht gerade als Verächter süßer Schmankerl gilt, will man ihn natürlich auch verzuckern. Ein Pentlinger Bürger erinnert daran, dass Ratzingers Schwester Maria, wenn er sich in seinem Pentlinger Haus aufhielt, täglich ein Zuckerhörnchen im kleinen Lebensmittelgeschäft für ihn gekauft habe.

Wen wundert's, dass schon kurz nach der Wahl in den Auslagen der Marktler Geschäfte als Ausdruck der Freude mit Puderzucker bestreute Papst-Mützen als Kuchen liegen, auch Ratzinger-Schnitten aus Schokolade in Mitraform oder Vatikan-Brot mit eingebackenem Kreuz. In Anlehnung an das französische Kleingebäck Petits Fours werden „Papa Fours" kreiert. Als Benediktstab wird ein Laugengebäck mit Körnern in Form eines Bischofsstabes angeboten. Die Bäckerei Winzenhörlein nahe beim Marktplatz und in Sichtweite vom Geburtshaus des Papstes bietet eine köstliche Torte aus Mürbeteig und Marzipan an, die von Schokoladenblättchen mit der Aufschrift „Papst Benedikt XVI." geziert wird. Blitzschnell ist sie ausverkauft. Selbst Papstbratwürste in Form eines Bischofsstabes und eine Papststab-Salami sind zu haben. Man kann sich vorstellen, wie sich Benedikt XVI. fühlt, wenn er erfährt, wie er jetzt buchstäblich verwurstelt wird.

Päpstliche Leibspeisen

Auch etliche Restaurants holen natürlich sofort Informationen ein, welche Leibgerichte Benedikt XVI. schätzt. Sie bieten auf den Speisekarten päpstliche Menüs an, was nicht schwer fällt, bevorzugt der Papst doch vor allem bodenständige bayerische Kost und zeigt sich bezüglich aller Tafelfreuden nicht als Asket. Ein Vielesser ist er allerdings nie gewesen, er „isst eher wie ein Vögelchen", wie es heißt.

Zu seinen Leibspeisen zählen eine deftige Kartoffelsuppe oder eine Kraftbrühe. Als Hauptgerichte mag er Schweinsbraten, Semmelknödel mit Speck und Weißbier, Apfelmaultaschen und Böselschmarrn, aber auch einfache Gerichte wie Würstl, Gulasch und Kartoffeln finden sich auf seiner Speisekarte. Natürlich ist er einem Weißwurst-Frühstück oder einer deftigen Brotzeit mit Leberkäs, Senf und schwarzen Kipferln oder einem Aufschnitt, darunter Steirische (Salami)Wurst, mit kernigem Schwarzbrot nicht abgeneigt. Zum Essen trinkt er gerne einen Schoppen Bier, gelegentlich auch Orangenlimo oder Wasser. Auf Zitronenlimo, Kaffee und ein Schnapserl verzichtet er lieber.

Seine einzige Sünde ist, wie es heißt, die Naschhaftigkeit. Ein mit Marmelade gefüllter Pfannkuchen lässt ihm ebenso das Wasser im Mund zusammenlaufen wie ein duftender Apfelstrudel, Sachertorte oder Bayerische Torte. Regensburgs Altbischof Manfred Müller, der mit Ratzinger seit etwa 20 Jahren Silvester gefeiert hat, nennt den Kardinal ein „Glusthaferl". So probierte Ratzinger nach dem Abendessen an Weihnachten einmal alle 20 Sorten Plätzchen, die die Mallerdorfer Ordensfrau, Schwester Regintrud, gebacken hatte – vom Vanillekipferl bis zu den Kokosmakronen.

„Wem g'hörst na du?"

Diese Frage hört man von echten Bayern immer dann, wenn sie kleinen Kindern begegnen, von denen sie wissen wollen, wer die Eltern sind, zu welcher Familie sie also gehören. Auch bei Benedikt XVI. ist diese Frage durchaus berechtigt, wenngleich viel komplizierter zu beantworten. Ist er nun Papst der Bayern oder doch der Deutschen? Und welche Ortschaft darf von sich behaupten, der neue Papst gehöre ihr? Gleich nach der Wahl begann diesbezüglich ein Wettstreit, zu dem mehrere Orte in Bayern und in Deutschland, aber auch andere Länder antraten. Wem gehört der neue Papst nun?

Marktl am Inn? Dort kommt Joseph Ratzinger im Haus Nr. 11 am Marktplatz 1927 zur Welt und in diesem Ort verlebt er die beiden ersten Lebensjahre. Das Dorf liegt nahe beim berühmten oberbayerischen Wallfahrtsort Altötting. Mit Marktl verbinden Ratzinger „viele schöne Erinnerungen an Freundschaft und an gegenseitige Hilfe", wie er einmal notierte, „an kleine Feste in der Familie und an das kirchliche Leben". Als Ratzinger 1997 Ehrenbürger von Marktl wird, schreibt er an den Bürgermeister Hubert Gschwendtner: „Ich bin stolz und glücklich, in einer Gemeinde geboren zu sein, und ihr nun als Ehrenbürger zuzugehören, in der so viel Gemeinsinn und innerer Zusammenhalt lebendig sind."

Altötting? Seit seiner Kindheit ist Ratzinger dem Marien-Wallfahrtsort aufs engste verbunden. Aus seinem Mund hört man immer wieder Loblieder auf diesen Ort. Er bezeichnet es als „Glück, ganz in der Nähe von Altötting geboren zu sein. So gehören die gemeinsamen Wallfahrten mit meinen Eltern und Geschwistern an den Gnadenort zu meinen frühesten und schönsten Erinnerungen. Der stärkste Eindruck war natürlich die Gnadenkapelle ...". Bei einer Privat-Audienz wenige Tage nach der Wahl versicherte Benedikt XVI. Altöttings Bürgermeister Herbert Hofbauer: „Tief in meinem Herzen hoffe ich, bald wieder nach Bayern und nach Altötting zu kommen. Denn Altötting ist das Herz Bayerns und eines der Herzen Europas."

Simbach am Inn? Östlich von Marktl in Simbach am Inn leben Ratzingers Großcousin, Dekan Alois Messerer, und im niederbayerischen Rickering, Landkreis Deggendorf, dessen Bruder Anton Messerer mit Familie. Zusammen mit anderen Verwandten, darunter auch Ratzingers Bruder Georg, werden sie schon kurz nach der Wahl von „ihrem Joseph" in Privataudienz empfangen. Benedikt XVI. lässt sich von ihnen, obwohl sie Scheu davor zeigten, natürlich duzen.

Tittmoning? Zu diesem neuen Dienstort von Ratzingers Vater, an der österreichischen Grenze gelegen, zieht die Familie zwei Jahre nach Josephs Geburt. „Am meisten liebten wir die schöne alte barocke Klosterkirche", so Ratzinger, der diese Gegend als „Traumland meiner Kindheit" bezeichnet.

Aschau am Inn? Auch dieser Ort wird als eine der weiteren Dienststellen von Ratzingers Vater zur Bleibe für die ganze Familie. „Sehr bald haben wir unser Dorf lieb gewonnen und seine eigenen Schönheiten schätzen gelernt", vermerkt Ratzinger über diesen Aufenthalt.

Hufschlag bei Traunstein? Bei Hitlers Machtergreifung erklärt der Vater: „Jetzt kommt der Krieg, jetzt brauchen wir ein Haus", und er kauft sich in Hufschlag ein reparaturbedürftiges Bauernhaus „mit Blick zu den Bergen". „Für uns Kinder war diese Bleibe ein Paradies, wie wir es nicht schöner hätten träumen können", so versichert Ratzinger. „Hier haben wir nach vielem Wandern unsere wahre Heimat gefunden, in die mein Erinnern immer wieder dankbar zurückkehrt."

Nach Ratzingers Wahl zum Papst renoviert die Gemeinde Hufschlag das Haus, das jetzt plötzlich Bedeutung hatte, in größter Eile.

Traunstein? Joseph Ratzinger besucht dort das katholische Knabenseminar St. Michael auf der Wartberghöhe, obwohl er sich nach eigenen Worten „nicht fürs Internat geschaffen" hält. Hier erlebt Ratzinger auch das Heraufkommen des Nationalsozialismus und die Schrecken des Krieges. Als er aber nach der Kriegsgefangenschaft nach Traunstein zurückkehrt, hätte ihm „das himmlische Jerusalem nicht schöner erscheinen können".

Altenmarkt? Als Sitz der päpstlichen Asam-Basilika hat Altenmarkt, nordwestlich von Traunstein gelegen, eine besondere Beziehung zum Vatikan. Auf dem Altenmarkter Friedhof sind mehrere enge Verwandte des Papstes begraben, darunter die Cousine Ratzingers sowie Onkel und die Tante Therese Ratzinger, die auf ihren Neffen Joseph „furchtbar stolz“ war. „Mein Neffe“, verkündete sie immer wieder, „ist der jüngste Theologieprofessor Deutschlands.“ Seine Ernennung zum Erzbischof von München-Freising erlebte sie allerdings nicht mehr.

Gilching? Als Schüler wird Ratzinger 1944 von der deutschen Wehrmacht in diesem Ort, nahe am Ammersee gelegen, zum Dienst in der Telefonvermittlung verpflichtet. „An Gilching“, so Ratzinger, „habe ich doch eine sehr schöne Erinnerung.“ Hier war er „von allen militärischen Übungen frei, und niemand wagte, sich in unsere kleine Welt einzumischen“. Er hatte sogar ein Einzelzimmer und konnte tun und lassen, was er wollte. Selbst gelegentliche Kirchenbesuche wurden ihm ermöglicht.

Freising? Ratzinger nimmt im Priesterseminar Freising von 1946–1951 das *Studium der Philosophie und Theologie* auf. „Dankbarkeit und Wille zum Aufbruch, zum Handeln in der Kirche und für die Welt, das waren die Gefühle, die das Haus prägten“, notiert Ratzinger später. 1951 wird er am Peter- und Paulstag im Freisinger Dom gemeinsam mit seinem Bruder Georg zum *Priester* geweiht. Von 1952–1954 wirkt er als *Dozent* im Erzbischöflichen Priesterseminar Freising. Von 1954–1957 ist er *Lehrer* für Dogmatik und Fundamentaltheologie an der dort sich befindenden Philosophisch-Theologischen Hochschule und von 1958–1959 wirkt er als *außerordentlicher Professor.* In Freising hält er sich also 13 Jahre auf, von 1946 bis 1959.

Und noch eines ist anzumerken, den Freisinger Bären des Heiligen Korbinian wird Benedikt ebenso wie den Kopf des Mohren aus seinem ehemaligen Kardinalswappen in sein päpstliches Wappen übernehmen, das künftig auf dem Prunkteppich prangen wird, der vor dem päpstlichen Balkon hängt, wenn er den Segen „Urbi et Orbi“ spendet.

Karte mit allen Orten in Bayern, zu denen Benedikt XVI. eine Beziehung hat: Marktl, Altötting, Simbach, Tittmoning, Aschau, Hufschlag, Traunstein, Gilching, Freising, Scheyern, Ruhpolding, Tegernsee, Altenmarkt, Eichstätt, Regensburg, Pentling, Passau, München

Scheyern? In dieser Benediktiner-Abtei – Ratzinger wählte den Namen Benedikt als Papstnamen! –, die nordwestlich von Freising liegt, hält sich der Kardinal seit Jahrzehnten mehrfach zur Erholung auf. 1980 wird die Klosterkirche durch Ratzinger zur päpstlichen Basilika erhoben. In Scheyern fühlt er sich wohl. Hier findet er Ruhe, Entspannung und Kontemplation.

Ruhpolding und Umgebung? Dort zelebriert Ratzinger schon 1952 als junger Kaplan einen Berggottesdienst unter Gottes freiem Himmel. Immer wieder erholt er sich in dieser herrlichen Gebirgsgegend, unternimmt Bergwanderungen und genießt die schöne Natur.

Eichstätt? 1985 wird Ratzinger zum Ehrendoktor der Katholischen Universität Eichstätt ernannt. Die Auszeichnung nimmt er dankbar und mit Freude entgegen.

Tegernsee? Die Tegernseer Gebirgsschützen sind sehr stolz auf ihr Ehrenmitglied Joseph Ratzinger, der besondere Freude über die tiefe Verbundenheit dieser Gruppe mit dem katholischen Glauben und christlichem Brauchtum empfindet. Regelmäßig zu Ratzingers Geburtstagen schießen die Gebirgsschützen ihm zu Ehren einen donnernden Salut.

Regensburg? Neun Jahre, von 1969–1977, wirkt er an der Universität Regensburg als *Ordinarius für Dogmatik und Dogmengeschichte* und als *Vizepräsident*. 1977 erfolgt die Ernennung zum *Honorarprofessor der Katholisch-Theologischen Fakultät* der Universität Regensburg, ein Amt, das er bis zu seiner Wahl als Papst innehat.

In Regensburg lebt auch sein Bruder Georg, der frühere Domkapellmeister, in dessen Wohnung für den Kardinal ein Arbeitszimmer reserviert ist. Die beiden gingen gerne ins Hotel Bischofshof zum Essen, wobei Mehlspeisen, Apfelmaultaschen und Bröselschmarrn zu den Lieblingsgerichten zählten. Von Ratzinger höchst persönlich stammt der 1997 geäußerte Ausspruch: „In Regensburg bin ich wirklich daheim." Und er fügt hinzu: „Es ist einfach wichtig, dass man neben dem römischen Wohnsitz auch in Deutschland ein wirkliches Zuhause hat. Dass ich, wenn ich herkomme, nicht in irgendein Hotel gehe, sondern wirklich daheim bin und alles Wesentliche vorfinde, was ich brauche." Als Ratzinger in Köln einmal Regensburger Laute hörte, ging er sofort auf die betreffende Person zu und sagte: „Da wir zwei doch Regensburger sind, muss ich Ihnen schnell ‚Grüß Gott' sagen."

Pentling? In dem 5800 Einwohner zählenden Regensburger Ortsteil Pentling, an der Ecke Bergstraße/Mitterweg, nur einen Steinwurf von der B 16 entfernt, bewohnte Joseph Ratzinger bei seinen Aufenthalten in Bayern ein eigenes Haus, in dem er sich mehrmals im Jahr erholte, „das meiner Schwester und mir ein rechtes Zuhause wurde“, wie Ratzinger mehrfach versicherte, und „in dem mein Bruder immer gerne einkehrte. Wir waren wieder daheim. Auch für meinen Bruder waren dies gesegnete Jahre“. Von seinem Haus konnte er auch zu Fuß zur Universität gehen. In der dem Heiligen Johannes geweihten Dorfkirche feierte er auch immer wieder die Werktagsmesse. Nahe Pentling, auf dem Ziegetsdorfer Friedhof, liegen außerdem die Eltern und seine Schwester Maria begraben.

Passau? Ratzingers Geburtsort Marktl gehört zum Bistum Passau. Deshalb nennen ihn auch die Passauer Bürger „einen von uns“ und sie feierten den Tag der Wahl „als Jahrhunderttag, ja sogar als Jahrtausendtag“. In Passau leben nicht wenige Freunde und Bekannte des neuen Papstes.

München? 1943 werden der 16-jährige Joseph und seine Kameraden zur Flak nach München eingezogen. Nach der Priesterweihe 1951 wird er in der *Pfarrei St. Martin in München-Moosach* – für ihn „ein Traumdorf“ – Aushilfspriester. Von 1951–1952 wirkt er als Kaplan in der *Pfarrei Hl. Blut in München-Bogenhausen.* 1957 erfolgt an der *Universität München* seine Habilitation im Fach Fundamentaltheologie mit einer Untersuchung über Bonaventura. Am 25. März 1977 wird Ratzinger zum *Erzbischof von München und Freising* ernannt und nur drei Monate später erfolgt am 27. Juni 1977 die Ernennung zum *Kardinal.* Insgesamt hält sich Ratzinger also etwa sieben Jahre in München auf. In der Münchner Frauenkirche feiert er 1998 auch seinen 70. Geburtstag, 2001 sein goldenes Priesterjubiläum und 2002 sein 25-jähriges Priesterjubiläum.

Allerdings gibt es einen schwarzen Fleck in Münchens Verhältnis zu Joseph Ratzinger. 1997 wurde die von der CSU beantragte Ehrenbürgerschaft für den Kardinal nach Einspruch der Grünen abgelehnt.

Die SPD gab kein eindeutiges Votum ab und wand sich. Angesichts dieser Uneinigkeit sei es wohl besser, auf die Ehrung zu verzichten, hieß es damals aus Rom. Ob sich München nach Ratzingers Wahl zum Papst im zweiten Anlauf doch noch zu diesem Schritt durchringen wird, ist ungewiss. Und wer weiß, ob Benedikt XVI. auf diese, der anfänglichen Demütigung „nachgeschobene" Würdigung nicht lieber dankend verzichtet. Andrerseits sprach der neue Papst nach seinem Amtsantritt ohne Groll von seiner „geliebten Erzdiözese München und Freising", zu der er auch einmal zu Besuch kommen wolle.

Eines aber lässt sich München schon derzeit nicht nehmen, nämlich Touristen und Einheimischen eine Führung auf den Spuren Benedikts XVI. anzubieten. 14 Fremdenführer stehen für einen zwei bis vierstündigen Stadtrundgang in den Startlöchern, um mit Interessierten auf den Spuren des ehemaligen Kardinals zu wandeln. Der Rundgang beginnt an der Mariensäule, wo Ratzinger einst den „Engel des Herrn" betete. Von dort geht es zum Alten Peter, wo er nach dem Papst-Attentat von 1981 spontan einen Gottesdienst zur Genesung von Johannes Paul II. feierte. Weitere Stationen sind das erzbischöfliche Ordinariat, der Amtssitz Ratzingers, der Erzbischofshof, die Bürgersaalkirche und als Höhepunkt die Frauenkirche. Wenn gewünscht, wird auch noch die Kirche Heilig Blut in Bogenhausen aufgesucht, wo Ratzinger als Kaplan wirkte.

Eine Marketing-Gesellschaft aus Bayern stellt darüber hinaus eine Wallfahrtstour auf den Spuren Benedikts XVI. zusammen. Die Route umfasst vorerst die Orte Marktl (Geburtsort), Traunstein (Jugendjahre und Knabenseminar), Freising (Studienjahre und Lehramt), Regensburg (Tätigkeit als Professor) und München (Jahre als Erzbischof und Kardinal). Vielleicht erfahren auch noch die vielen anderen Stationen einmal Berücksichtigung.

Wer kann Benedikt sein Eigen nennen?

Marktl? Altötting? Simbach am Inn? Tittmoning? Aschau? Hufschlag? Traunstein? Gilching? Freising? Scheyern? Ruhpolding? Tegernsee? Altenmarkt? Eichstätt? Regensburg? Pentling? Passau? München? – 18 Orte und wahrscheinlich werden sich auch noch andere Gemeinden im bayerischen Oberland melden. Sicher ist, der neue Papst ist Oberbayer (oder doch Oberpfälzer?), der sich einen Großteil seines Lebens vor allem zwischen Salzach und Inn, also in Südostbayern, aufhielt und den Chiemgau und das bayerische Voralpenland schätzte und liebte. Jeder Ort, an dem er sich eine Zeit aufhielt, darf somit stolz auf ihn sein, auf jeden Fall auch ganz Bayern. In all den Jahren, die seit seinem Weggang aus Bayern vergangen sind, so betonte Benedikt XVI. gleich nach seinem Amtsantritt, „war mir stets bewusst, dass Bayern und Rom nicht nur in geografischer Hinsicht nicht weit auseinander liegen: Bayern und Rom, das waren von je her zwei Pole, die in fruchtbarer Beziehung zueinander standen".

Eines steht jedoch fest, die Gnade des Geburtsortes darf sich Marktl am Inn zurechnen, und Pentling, wo sein Haus steht, und damit auch Regensburg, betrachtete er als seine Heimat. Hätte aber Joseph nicht in Marktl das Licht der Welt erblickt, hätte er sich auch nirgendwo sonst aufgehalten.

Bei allem Patriotismus jedoch, Oberbayern und Oberpfälzer und ebenso Deutsche und Italiener werden hinnehmen müssen, dass Joseph Ratzinger nunmehr als Papst für 1,1 Milliarden Gläubige, also für die gesamte katholische Christenheit der Welt zuständig ist, dass er jetzt also sagen müsste: „Auf der Welt bin ich daheim." Der Papst hat, theologisch betrachtet, eigentlich keine Nationalität. Er ist Hirte der weltweiten katholischen Kirche.

Und noch eines ganz nebenbei – man sollte keinesfalls glauben, dass Bayern jetzt noch katholischer wird, als es ohnehin schon ist (oder auch nicht?), nur weil ein Altbayer Papst geworden ist.

Was ist eigentlich das Bayerische an Benedikt XVI.?

Wer immer noch glaubt, dass Bayern das Land der schlitzohrigen Kraftlackl, der Lederhosen tragenden Grantler, der dumpfgeistigen Dickschädel und der raufenden Schlawiner ist, deren nationale Sorge allein dem gefüllten Maßkrug gilt, sitzt wie so viele den über Jahrhunderten gepflegten Vorurteilen auf. So jemand muss sich nur den Bayern Benedikt XVI. einmal genau anschauen.

Bereits der scharfsinnige Berliner Theaterkritiker Alfred Kerr (1867–1948) urteilte sehr viel hellsichtiger über die Bayern: „Der Fremde kommt sich in Bayern wie geliebkost vor: von der Freundlichkeit; von der derben, doch sachten Lebenskraft einer ungezwungenen Schar. ... Sie üben die Schönheit nicht als Geschäft, sondern als Drang. ... Ich beobachte, wie der Bayer sich oft einfach-kurz ausdrückt, wo der Norddeutsche den Mund mit Bildung voll nimmt. ... Alle zehn Schritt sagt einem jemand: ‚Grüß Gott'. Hier grüßen heitere, freundliche Menschenkinder – ohne sich damit zu erniedrigen. Mit freiem Gehab und einem Schuß blitzender Lebenslust."

Und auch der christliche Bruder im Herrn, Martin Luther (1483–1546) versicherte: „Wenn ich viel reisen sollte, wollte ich nirgends lieber denn durch Schwaben und Baierland ziehen; denn die sind freundlich und gutwillig, gehen Fremden und Wandersleuten entgegen und tun den Leuten gutlich und gute Ausrichtung um ihr Geld."

Der Münchner Lorenz Westenrieder (1748–1829) war ein hochgebildeter Mann, Professor, Autor von Romanen und Theaterstücken, Wissenschaftler, Historiker, Reisender trotz jahrzehntelanger schwerer Krankheiten, Lehrer, Schulrat, Aufklärer, Verfasser der bedeutendsten historischen Werke dieser Zeit über Bayern. Er kannte also die Bayernseele, über die er schrieb: „Der wahre Baier ist männlich höflich, und schämt sich jemand eine Schmeicheley zu sagen, welche der andere nicht verdient, oder woran sein Herz nicht denkt. Er spricht über seine Angelegenheiten ohne allen Umweg, er heuchelt nicht, und wo ihm etwas mißfällt, und Unrecht deucht, sagt ers geradezu, und beurtheilt öffentlich den Vornehmen wie den Niedern. Er sagt es laut, und ins Gesicht sagt ers ihm. Diese ihm gleichsam angeborne Gewohnheit, den geraden Weg zu gehen, begleitet ihn allenthalben, und er bleibt nicht selten der Gefahr ausgesetzt, dadurch, daß er jemand, der ihn betrügen will, für ehrlich hält, übervortheilt zu werden. … Niemals wird ein wahrer Bayer sich selbst loben und seine Verdienste herausstreichen."

Und der bayerische Paradeschriftsteller Ludwig Thoma (1867–1921) ergänzt: „Dem Bayern fehlt alles Hinterhältige, Giftige. Er hat wenig Sinn fürs Opportune, … ist dabei sehr demokratisch für gleiches Recht, sehr empfindlich gegen Unrecht, das er sieht, oder das er zu sehen glaubt, und immer geneigt, dem Kleinen gegen den Großen, dem Regierten gegen die gewappelte Obrigkeit seine überströmende Sympathie zuzuwenden …"

Von all den genannten Eigenschaften hat auch Benedikt XVI. ein gerüttelt Maß. Er stammt aus dem einfachen ehrlichen Volk, liebt Land und Leute seiner bayerischen Heimat und schätzt das reiche bayerische Brauchtum. Natürlich sind die christgläubigen Tegernseer Gebirgsschützen auf Ratzingers Ehrenmitgliedschaft in ihrer Gruppe stolz. Jedes Jahr vor Weihnachten ließ sich der Kardinal bisher auch einen Adventskranz und eine kleine Tanne aus Bayern nach Rom bringen, um in heimatliche Stimmung zu kommen.

Viel hält Ratzinger ebenso von baierischer Kultur und baierischer Mundart. Seit 1997 ist er Ehrenmitglied beim Förderverein Baierische Sprache. Da der Papst in Pentling gemeldet ist, ist er Mitglied im Landschaftsverband Donau-Wald. Dieser Verein setzt sich für die Erhaltung der baierischen Mundart ein, die Benedikt zu den „Sprachen" zählt. Der sonst so gestochen hochdeutsch sprechende Pontifex beherrscht nämlich auch ein richtig gemütliches Baierisch, wenn es die Etikette gerade zulässt.

Bereits als Kardinal schmökerte Ratzinger gerne in der „Mittelbayerische Zeitung" aus Regensburg, die ihm regelmäßig nach Rom geliefert wurde, und im „Altöttinger Liebfrauenboten", den schon seine Eltern lasen. Sie haben sich angeblich sogar über ein Inserat in diesem Kirchenblatt gefunden. Und natürlich verbringt er auch seinen Urlaub in Bayern, in seinem kleinen Häuschen in Pentling bei

Regensburg, nach dem Motto: „Vom Ernst des Lebens halb verschont, ist der schon, der in Bayern wohnt." In dieser Zeit unternimmt er dann gerne Ausflüge in die geliebte Bergwelt, wo er sich bei kleinen Wanderungen erholt. Und natürlich lässt er sich bei diesen Aufenthalten auch gerne bayerische Schmankerl munden, wozu immer wieder einmal ein kühles Weißbier durch die Gurgel rinnen darf.

Der italienische Kardinal Tarcisio Bertone hatte schon Recht, als er die Ansicht äußerte, Benedikt werde eine ähnliche Rolle für die Kirche spielen, wie sie der bayerische Fußballkaiser Franz Beckenbauer für den Fußball gespielt hat. Ratzinger sei zwar „ein zurückgezogener Regisseur, der aber lange Pässe in die Tiefe schlagen kann". Bei diesem Spiel werde der neue Papst das gesamte große Team der Kirche einbeziehen.

Wie Benedikt nun allerdings die beruflich bedingte Abwesenheit von jenem Land aushalten wird, wo Deutschland dem Himmel am nächsten ist, bereitet nicht nur seinem Bruder Georg ernstlich Sorgen, sondern allen Bayern, die deshalb hoffen, ihn häufig in seiner alten Heimat begrüßen zu dürfen.

Bayern, ein gigantisches barockes Gotteshaus

Als Theologe und nunmehr auch als Papst ist Ratzinger wie viele Bayern gerade heraus, ehrlich, niemals liebedienernd; er fühlt sich nur der Wahrheit verpflichtet. Ein gewisser „Dickschädel" ist ihm allerdings nicht abzusprechen, allerdings reichlich gemildert durch sanftmütige Ausstrahlung. Ratzingers Doktorvater, der Fundamentaltheologe Clemens Gottlieb Söhngen, wertete polemische Sentenzen in seiner Dissertation sogar einmal als Indiz „für bayerische Rauflust", allerdings intellektuell sublimiert.

Auf den neuen Papst trifft die Äußerung Kurt Wilhelms, des Schöpfers des bayerischen „Brandner-Kaspar" zu, der meinte: „Die Bayern haben einen hohen bayerischen Intelligenzquotienten und sind für Bildung begabt. ... Aber, an diesem Volksstamm und seinem Dickkopf kannst zerschellen." Bayern sind eben Wilderer mit Ehrfurcht vor dem Gesetz oder, wie das der Schriftsteller Herbert

Achternbusch ausdrückt: „In Bayern sind 60 Prozent der Bevölkerung Anarchisten, und die wählen alle die CSU."

Wie eine Zwiebel hat die Bayernseele, auch jene Benedikts XVI., viele Häute. Sie ist ängstlich, eigenbrötlerisch, grantlerisch, launisch, gar nicht witzig, sehr ernst und dann wieder fröhlich, gesellig, mutig und gemütlich, humorvoll und frotzlerisch und lebensfroh. Es scheint, dass Benedikt das Bunte, Festliche, das Warmherzige, das über Bayern liegt, auch über die Welt legen möchte, auch wenn sich die immer wieder dagegen zu wehren versucht. Außerhalb Bayerns gibt es eben Menschen, die es einem schwer machen, auf Bayern nicht stolz zu sein, könnte man bisweilen denken.

Der von Benedikt verehrte Karl Valentin (1882 – 1948) ging nicht den geraden Weg, sondern wählte den linksherum, den abwegigen, den ungewohnten, den um acht Ecken und er kam dort heraus ans Ziel, wo es keiner vermutet hätte. Er war eben ein Querdenker. Ein Hinterfrager, wo andere kein Dahinter vermuteten. Und Benedikt? Man lese seine Schriften!

„Von großer Höhe betrachtet", so urteilt der bayerische Kabarettist Bruno Jonas, „ließe sich Bayern als gigantisch großes barockes Gotteshaus erkennen. Mit unzähligen Seitenschiffen und Altären. … Die Nebel des Weihrauchs dringen hier in alle Ritzen. … Der Bayer ist durch und durch Katholik, aber auch froher Heide." Nur einheimische g'standene Pfarrer werden dieser Doppelgesichtigkeit Herr und so einer war Joseph Ratzinger und so einer ist jetzt auch Benedikt.

Wie sich die barocken Kirchen und die eigenwilligen Zwiebeltürme in das bayerische Landschaftsbild einpassen, so integriert sich hier auch die Geistlichkeit ins Volk. Einem bayerischen Papst gelingt das allemal. Der Pfarrer, der Bürgermeister und der Lehrer gehören einfach zum Dorf, sind die Stützen des reichen Brauchtums. Und alle drei müssen nicht nur in ihren Ämtern, sondern auch beim Schafkopfen ihren Mann stehen. „Wir Bayern", sagte der Schriftsteller Oscar Maria Graf (1894–1967), „sind kein gottesfürchtiges, sondern ein gottesanhängliches Volk." Bayern beziehen das auch auf den Stellvertreter Christi auf Erden, der jetzt Benedikt XVI. heißt und der zu Recht von sich sagen kann: „Ich bleibe Bayer, wo immer ich auch bin."

Benedikts Gebet zur Patronin des Bayernlandes

Jeder Bayer kennt die Schutzpatronin des Bayernlandes, die „Patrona Bavariae“, Maria, die Mutter Gottes. Sie gehört vorrangig ihm allein, auch wenn er das nicht laut behaupten darf. Zu ihr formulierte Ratzinger nach seiner Bischofsweihe 1977 an der Mariensäule in München folgendes Gebet, das er zweifellos als Benedikt XVI. sich selbst und auch allen Bayern und Deutschen, ja der ganzen Welt, ans Herz legen möchte:

Heilige Maria, Mutter Gottes,
sei du die Patronin unseres Landes, unseres Bistums auch in dieser Zeit.
In dem Streit der Parteien sei du Versöhnung und Friede;
in den Weglosigkeiten unserer offenen Fragen zeige uns den Weg,
die Streitenden versöhne, die Müden erwecke;
gib den Misstrauischen ein offenes Herz, den Verbitterten Trost,
den Selbstsicheren Demut, den Ängstlichen Zuversicht,
den Vorwärtsdrängenden Besonnenheit, den Zaudernden Mut,
uns allen aber die tröstende Zuversicht deines Glaubens.
Stärke die Leidenden und die Kranken, erleuchte die Regierenden
und führe uns zueinander im Frieden des Herrn!
Amen.

Benedikts XVI. Vorgänger in Bayern und Deutschland

Kaum war Benedikt gewählt, stellte man sich in Bayern, in Deutschland und in der Welt Fragen nach dessen ziffernmäßiger Position. Der wievielte bayerische Papst in der Geschichte ist Ratzinger denn? Gab es überhaupt schon Päpste aus Bayern? Auch die Platzziffern als deutscher Papst und als Pontifex in der Kirchengeschichte waren plötzlich von Interesse. Und weshalb wählte er als Namen gerade den des heiligen Benedikt?

Drei Bayern auf dem Heiligen Stuhl

Benedikt XVI. ist der vierte Papst aus Bayern. Vor fast 960 Jahren gab es zum ersten Mal einen bayerischen Papst. In der Papstgeschichte sind insgesamt nur drei verzeichnet.

Clemens II. (1046 – 1047) stammt eigentlich aus Niedersachsen, wird aber von Kaiser Heinrich III. zum Bischof von Bamberg gemacht und von ihm auch auf den Stuhl Petri gehoben. Er mischt sich in die Intrigen des Adels und will die Korruption beenden. Das kostet ihn vermutlich das Leben. Er stirbt bereits nach einem Jahr im Amt an einer rätselhaften Vergiftung. 900 Jahre später finden Gerichtsmediziner Bleispuren in seinen Knochen, was auf Giftmord schließen lässt. Sein Grab im Bamberger Dom ist das einzige Papstgrab nördlich der Alpen.

Der Nachfolger **Damasus II.** (17. Juli – 9. August 1048), der einzige echte Bayer, stammt aus fränkisch-bayerischem Adelsgeschlecht. Sein Pontifikat ist eines der kürzesten der Geschichte. Nach 23 Tagen im Amt stirbt er am 9. August 1048 in Palestrina wohl an Malaria. Andere sprechen davon, auch er sei vergiftet worden. Grund: politisches Ränkespiel. Sein Grab ist in Rom in der Kirche S. Lorenzo fuori le Mura.

Victor II. (1055–1057) aus schwäbischem Adel wird vom Kaiser Heinrich III. förmlich auf den Papstthron gezwungen. Er führt Kirchenreformen weiter, bleibt dabei aber seiner Heimat derart eng verbunden, dass er nicht einmal sein Bischofsamt in Eichstätt aufgibt. Nach nur zwei Jahren im Amt stirbt er. Eigentlich sollte der gebürtige Schwabe im Altmühltal begraben werden, doch die Bürger Ravennas raubten den Leichnam „mit List und Tücke" und seither liegt sein Grab in Ravenna in der Kirche S. Maria Rotonda und nicht im Altmühltal, wo er eigentlich hingehört.

Deutsche Päpste – Ist Ratzinger Nr. 4 oder Nr. 8?

Natürlich sind es die Historiker, die sich wieder einmal streiten, der wievielte deutsche Papst Benedikt XVI. ist. Geht man nach den heutigen Grenzen, hatte Deutschland bisher drei Päpste. Blickt man hingegen auf das „heilige römische Reich deutscher Nation" zurück, dann waren es sieben Oberhäupter. Damals umfasste Deutschland nämlich auch noch weite Teile der heutigen Nachbarstaaten, so dass die „deutschen" Päpste weit über Europa verstreut waren. Sie kamen aus den Niederlanden, aus Frankreich, Österreich und Italien.

Manche sind hingegen der Ansicht, dass vor dem 18. Jahrhundert ein deutscher Nationalstaat und ein deutsches Nationalbewusstsein überhaupt fehlte, weshalb es sich bei Benedikt XVI. sogar um den ersten deutschen Papst überhaupt handelt. Wie dem auch sei:

Die drei ganz sicheren deutschen Päpste sind die aus Bayern stammenden Personen:

Clemens II. (1046–1047) und **Victor II.** (1055–1057). Sie sind ein bis zwei Jahre im Amt. **Damasus II.** (1048) regiert jedoch nicht einmal einen Monat. Er stirbt, wie erwähnt, bereits nach drei Wochen.

Wer es lieber mit sieben deutschen Päpsten hält, sollte folgende Liste studieren. Den letzten deutschen Papst jedenfalls gab es vor 482, also vor fast 500 Jahren. Alle deutschen Päpste hatten nur eine kurze Amtszeit – zwischen 23 Tagen und maximal fünf Jahren – und sie

Papst Damasus II. aus Bayern (1048) aus fränkischem Adel raffte nach nur 23 Tagen Amtszeit die Malaria dahin.

waren nicht gerade vom Glück verfolgt. Sowohl Amtsdauer wie auch das Glück muss sich nach dem Wunsch der Bayern bei Benedikt XVI. unbedingt zum Positiven andern.

Gregor V. (996–999), der erste Papst aus Deutschland kommt aus Kärnten, das damals noch zum Heiligen Römischen Reich deutscher Nationen gehörte. Als 24-Jähriger wird er in Ravenna von seinem Vetter Kaiser Otto III. zum Papst designiert. Doch nach einem Aufstand verjagen die Gegner Gregor. „Nudus omnium rerum", nackt und ohne Mittel, flieht er aus Rom. Nach einiger Zeit kehrt er zurück, stirbt aber nach dreijähriger Amtszeit an Malaria und wird in der Peterskirche in Rom beigesetzt.

Clemens II. (1046–1047), der bereits erwähnte Bayer. Über ihn ist oben schon einiges gesagt, ebenso über den Bayern **Damasus II.** (1048).

Leo IX. (1049–1054) kommt aus dem Elsass. Er kämpft eifrig gegen Korruption und Ämterkauf und reformiert die Kirchenführung. Er ist der erste „Reisepapst“. Bei einem Feldzug gegen die Normannen gerät er in lange Gefangenschaft. Trotz Verhandlungen kann er das „Schisma“, also die Spaltung zwischen Ost- und Westkirche, nicht verhindern. Das Jahr 1054 ist seither ein schmerzliches Datum in der Kirchengeschichte. Leo stirbt nach fünfjähriger Amtszeit, wird im Petersdom beigesetzt und später heilig gesprochen.

Viktor II. (1055–1057) ist der dritte Bayer, der aus Eichstätt kommt. Weiteres siehe ebenfalls oben.

Stephan IX. (2. August 1057–29. März 1058) stammt aus Lothringen. Er setzt sich für Kirchenreformen ein, stirbt aber schon nach acht Monaten Amtszeit auf einer Reise in Florenz, wo er in der Kirche S. Reparata beigesetzt ist.

Hadrian VI. (9. Januar 1522–14. September 1523), der Sohn armer Eltern ist der letzte Papst, der sich selbst als Deutscher betrachtet, obwohl er eigentlich aus den Niederlanden stammt, das damals auch noch zum Heiligen Römischen Reich deutscher Nationen gehörte. Außerdem ist er der letzte nicht-italienische Papst bis zur Wahl des Polen Karol Wojtyla 1978 (Johannes Paul II.). Hadrian versucht vergeblich, den Reformator Martin Luther (Wormser Edikt) zu ächten und die Einheit des Glaubens zu bewahren. Die asketische Lebensweise des Papstes stößt in der verweltlichten Kurie in Rom auf großen Widerstand. Er stirbt nach einjähriger Amtszeit und wird zunächst im Petersdom beigesetzt. 1533 wird sein Leichnam in die deutsche Nationalkirche Santa Maria dell'Anima überführt.

Benedikt XVI. ist also nun – ja was? – also auf alle Fälle

1. *der vierte bayerische Papst,* außerdem entweder
2. *der vierte deutsche Papst* oder auch
3. *der achte deutsche Papst* (je nachdem!)
4. *der erste deutsche Papst seit 482 Jahren* und außerdem ...

Der 265. Papst der Kirchengeschichte

Vor etwa 2000 Jahren wurde mit dem Apostel Petrus von Jesus Christus persönlich der erste Papst eingesetzt, der damals allerdings noch nicht Papst hieß, sondern nur als Stellvertreter Christi auf Erden geehrt und gehört wurde. Der Name „Papst", lateinisch „papa" – daher der Name „Heiliger Vater" – wurde erst danach als Ehrentitel verwendet. Bis zum siebten Jahrhundert hießen nämlich alle Bischöfe so. Bald aber wurde der Name „papa" immer mehr für den Bischof von Rom reserviert. In dieser Funktion ist der Papst „Chef des Vatikanstaates" und damit auch Staatsoberhaupt. Seine Bischofskirche ist nicht der Petersdom, sondern die Laterankirche in Rom. Als Nachfolger des Apostels Petrus ist er Stellvertreter Christi auf Erden und damit Haupt des Bischofskollegiums und Leiter der Gesamtkirche.

Seit Beginn des zweiten Jahrtausends änderten die Päpste mit der Wahl auch ihren Namen. Mit der Namenswahl bringen sie zum Ausdruck, wofür sie sich besonders einsetzen wollen. Den gewählten Namen trug nämlich vor ihnen schon ein Heiliger und meist auch ein päpstlicher Vorgänger. Studiert man die Biografie der beiden Namensgeber, lässt sich daraus schlussfolgern, welchen Weg der neue Papst zu beschreiten beabsichtigt.

Friedenspapst als Vorbild

Mit dem gewählten Namen Benedikt XVI. reiht sich Joseph Ratzinger in die Nachfolge Benedikts XV. ein. Dieser Mann war von 1914 bis 1922 Oberhaupt der katholischen Kirche und ging als „Friedenspapst" in die Geschichte ein, obwohl sein Einfluss auf die kriegsführenden Parteien zum Scheitern verurteilt war. Mehrfach forderte er die europäischen Regierungen auf, den Ersten Weltkrieg zu beenden, der erst wenige Wochen vor seiner Ernennung ausgebrochen war und der neun Millionen Menschen das Leben kosten sollte. Als er 1922 starb, waren seine letzten Worte: „Wir wollen unser Leben gern opfern für den Frieden der Welt." Benedikt XV. ging es auch darum, die Spannungen zwischen Traditionalisten und den Anhängern einer behutsamen Modernisierung der Kirche zu überwinden. In einer ähnlichen Situation befindet sich die katholische Kirche auch gegenwärtig. Dessen ist sich der neue Papst bewusst.

Außerdem habe er auch an den heiligen Benedikt von Nursia (480– 547) gedacht. Er war der erste große Patron Europas und der Begründer des abendländischen Mönchtums, dessen Motto „Ora et labora" – „Bete und arbeite" lautete. Er prägte die Kirche und das Christentum als Wurzel des Abendlandes maßgeblich und gilt als Retter des Abendlandes. Indem er sich von der Welt abwandte, bewahrte er deren geistige Schätze. Ohne die frühmittelalterlichen Klöster, Inseln inmitten einer verrohten und verrotteten Zivilisation, wäre die Antike in Vergessenheit geraten und das Christentum womöglich auch. Jeder Papst, der sich den Namen Benedikt gibt, hat jene gewaltige Wirksamkeit im Sinn, mit Sicherheit auch Papst Benedikt XVI. So gesehen ist die Wahl dieses Namens ein erster programmatischer Schritt.

Der Name Benedikt stammt übrigens vom lateinischen Benedictus und bedeutet „Der Gesegnete". „Benedicere" meint „segnen", das heißt, dass der unter dem Schutz Gottes Stehende den Mitmenschen Gutes sagen und Gutes tun kann.

Die Tage nach der Wahl

Benedikt in allen Blättern

Es gab wohl keine Zeitung auf der Welt, in der nicht ein Foto des fröhlich lächelnden Papstes die Titelseite zierte. „Wir sind Papst!" stand in weißen Schlagzeilen auf der auflagestärksten deutschen Zeitung zu lesen. Eine „Jahrtausend-Sensation" sei es, dass erstmals seit 482 Jahren wieder ein Deutscher auf dem Heiligen Stuhl sitze. Selbst die „Frankfurter Allgemeine" hatte ein Konterfei Ratzingers auf der Titelseite. Bekanntlich setzt diese Traditionszeitung nur in äußerst seltenen Fällen ein Bild auf Seite eins. Vor dem Tod von Johannes Paul II. waren lediglich ganz besondere Ereignisse wie die Mondlandung, der Mauerfall, die Wiedervereinigung Deutschlands und die Terroranschläge vom 11. September 2001 der Zeitung ein derartiges Aufmacherfoto wert.

Die Münchner „Abendzeitung" machte aus Freude über die Wahl des 78-jährigen Ratzinger einfach einen dreisten Einbürgerungsversuch: „Ein Münchner ist der neue Papst". Das Boulevardblatt spielte damit auf die frühere Tätigkeit Ratzingers als Münchner Erzbischof an.

Auch in Köln jubilierten die Boulevardblätter. Der „Express" schrieb im Hinblick auf die Weltjugendtage in der Domstadt, zu denen sich der neue Pontifex bereits angekündigt hat: „Köln freut sich auf Papst Benedikt".

Die Vatikan-Zeitung „Osservatore Romano" brachte kurz nach der Vorstellung des neuen Kirchenoberhauptes eine Extraausgabe heraus, die im Nu ausverkauft war. Neben dem großformatigen Papst-Foto auf der Titelseite war die lateinische Inschrift zu lesen: „Habemus papam Josephum Ratzinger qui sibi nomen imposuit Benedictum XVI." – „Wir haben den Papst Joseph Ratzinger, der sich den Namen Benedikt XVI. gegeben hat." Weiter hieß es: „Wir haben die Traurigkeit des Karfreitags durchlebt; wir haben geweint … Und dann hat uns der Herr aus dem tiefsten Inneren seines Herzens den Nachfolger von Petrus geschenkt. Wir sind nicht mehr allein. Petrus ist bei uns. Das Schiff ist wieder auf Kurs; unser Gang nimmt wieder den Rhythmus eines Wanderers an. Danke, Heiliger Vater, dass Du ‚Ja' gesagt hast. Ein ‚Ja', das auch wir zu Dir sagen. Ohne Vorbehalte und mit Liebe."

Die Pointe des Heiligen Geistes

In Deutschland, aus dem schon immer ganz besondere Zurückhaltung gegenüber Ratzinger signalisiert wurde, meldeten sich etliche Stimmen, die seine Wahl zum Papst zum Teil sehr kritisch beurteilten, sie als Ausdruck der Ratlosigkeit sahen, als eine Katastrophe gar, die von einer Fortsetzung des Reformstaus sprachen oder von einem zu erwartenden Stillstand, und die eine Fortsetzung des Krieges des Vatikans mit der modernen Welt befürchteten. Irritiert waren sie allerdings von der eindrucksvollen Demonstration beim Tod von Johannes Paul II., die eine Auferstehung der bereits totgesagten Kirche signalisierte. Gleichwohl schien sich hier einmal mehr der Spruch vom Propheten, der im eigenen Land nichts gilt, zu bewahrheiten. Bei einer Umfrage der „Mittelbayerischen Zeitung" aus Regensburg drei Tage nach der Wahl antworteten allerdings immerhin 50,03 Prozent auf die Frage „Haben die Kardinäle den richtigen Papst gewählt?" mit „Ja" und 46,96 Prozent mit „Nein".

Der Spiegelredakteur Matthias Matussek kommentierte diese Einstellungen äußerst lakonisch mit der Bemerkung: „Der Heilige Geist hat sich da tatsächlich eine mächtige Pointe geleistet, den Papst ausgerechnet bei denen zu rekrutieren, die ihn am nötigsten haben: bei den Deutschen. Das Drama der Modernität begann schließlich in Deutschland, und es sind die Deutschen, die es am weitesten getrieben haben. Bei uns wird der Glaube in der Öffentlichkeit am lautesten von denen diskutiert, die ihm längst den Rücken gekehrt haben. All diese Talkshow-Moderatoren möchten die unzeitgemäße Trutzburg aus Gebetstiefe, Kultur und Traditionen, die sie verlassen haben, möglichst weit trivialisiert und modernisiert sehen. So weit, dass ihnen die untergründig verspürte Melancholie darüber vergeht, dass sie ihr nicht mehr angehören. … Und wir Deutschen können hoffen, dass dieser Papst für uns eine ähnliche Ermunterung darstellt, wie Karol Wojtyla sie für die Polen gewesen ist … Dieser Papst ist so etwas wie die Apotheose einer deutschen Biografie … Lange, das lässt sich getrost sagen, ist der Welt nicht mehr soviel Hoffnung gebracht worden von einem Deutschen wie an diesem Tag, als über der Sixtinischen Kapelle der weiße Rauch aufstieg und der Purpur-Vorhang zur Seite gezogen wurde."

Ein Freund der Italiener und Polen

Von den Römern hingegen wird Ratzinger, der seit 24 Jahren in Rom lebt und ihre Sprache spricht, als einer der Ihren angesehen. Sein deutscher Akzent erinnert angenehm an deutsche Sportler, so etwa an den Formel-1-Weltmeister Michael Schumacher. „Ratzinger ist gerne in Rom", bestätigt auch sein Bruder Georg. „Er mag die Art der Italiener. Sie sind immer freundlich, optimistisch und beweglich – das schätzt er an ihnen." Diese Liebe erzeugt natürlich Gegenliebe und so verwundert es nicht, dass auch die Italiener von dem neuen Papst aus Deutschland begeistert sind.

Besonders herzlich wird die Wahl Ratzingers zum Papst auch in Polen begrüßt. Papst Benedikt XVI., der langjährige Wegbegleiter und Freund des verstorbenen Papstes wird von vielen als liebevoller, warmherziger Mensch bezeichnet. Dass Johannes Paul II. den Deutschen Ratzinger zu seinem engsten Vertrauten gemacht hat, räumt hier jeden Zweifel aus. Außerdem vergessen es die Polen nicht, dass Ratzinger 1981 in München für die Opfer des Kriegsrechts gebetet hat.

Die Krakauer Studenten ziehen unmittelbar nach der Wahl zu Tausenden vor den Erzbischofspalast. Vor dem Fenster, von dem aus Johannes Paul II. einst zu den Jugendlichen sprach, jubeln sie dem neuen Kirchenoberhaupt zu. Umgehend laden sie ihn brieflich nach Krakau ein und versichern dem neuen Papst, er könne auf ihre Gebete zählen. Auch der ehemalige Widerstandsführer Lech Walesa begrüßt die Wahl mit warmen Worten und lädt Benedikt XVI. zum 25. Jahrestag der Solidarnosc im August ein.

Er bekam fast alle Stimmen im Konklave

Obwohl die genauen Wahlergebnisse im Konklave zu den am besten gehüteten Geheimnissen im Vatikan gehören, wird doch bald bekannt, dass Kardinal Joseph Ratzinger mit überwältigender Mehrheit, also mit fast allen Stimmen der Kardinäle des Konklaves, zum Papst gewählt wurde. Rund 100 der 115 Kardinäle, also etwa 90 Prozent, hätten dem 78-jährigen ihre Stimme gegeben. Der ehemalige Erzbischof von Mailand, Carlo Maria Martini habe bei der Wahl die entscheidende Rolle gespielt und dafür gesorgt, dass Ratzinger die erforderliche Zahl an Stimmen erhielt. Im ersten Wahlgang hatte zunächst Martini selbst einige Stimmen mehr bekommen als Ratzinger. Danach übte Martini angeblich Einfluss auf den progressiven Flügel innerhalb des Konklaves aus.

Viele Kardinäle waren wohl von der souveränen und gleichzeitig einfachen Art, in der Ratzinger die Kardinals-Kongregationen geleitet hatte, tief beeindruckt. Sie setzten auf inhaltliche Kontinuität mit dem alten Pontifikat.

Als Besonderheit wurde vermerkt, dass erstmals seit den Wirren des Avignoneser Exils im 14. Jahrhundert die Kardinäle nacheinander zwei nicht aus Italien stammende Päpste wählten: Johannes Paul II. aus Polen und nun Benedikt XVI. aus Bayern. Außerdem war es erst das dritte Mal seit rund 100 Jahren, dass der neue Papst bereits am zweiten Tag des Konklaves gefunden wurde.

Erste Messe – die zentralen Aufgaben

Noch sichtlich erschöpft von den vorausgegangenen Ereignissen zelebriert Joseph Ratzinger am Mittwoch in der Sixtinischen Kapelle seinen ersten Gottesdienst als Papst. In seiner in Latein gehaltenen Ansprache weist er auf die großen Erwartungen an ihn und sein Amt hin. Er spüre „das enorme Gewicht der Verantwortung, das sich auf meine armen Schultern gelegt hat“. Aber er sei überzeugt, dass ihn der verstorbene Papst Johannes Paul II. zu Beginn seiner Amtszeit leiten werde. „Es scheint mir, dass ich seine starke Hand fühle, die meine festhält.“

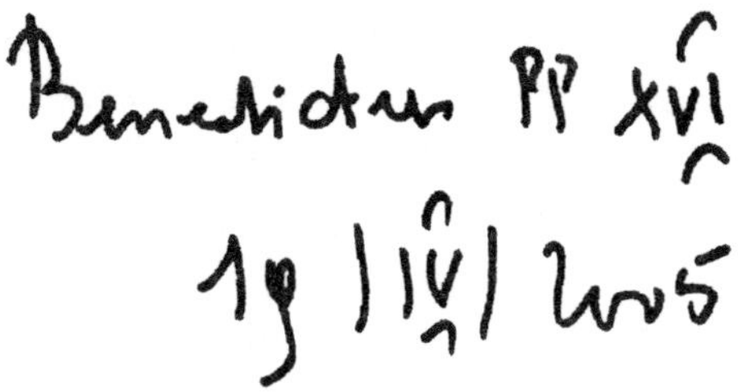

Signatur Benedikt XVI. vom 19. April 2005, dem Tag seiner Wahl

Benedikt XVI. bezeichnet die Einheit der Christen, den Dialog mit anderen Religionen und allen Weltanschauungen und die Sicherung des Weltfriedens als seine wichtigsten Aufgaben. Nur gegenseitiges Verständnis könne eine bessere Zukunft für alle ermöglichen. „Dafür reicht es nicht, guten Willen zu demonstrieren. Konkrete Taten sind notwendig", betont er.

Besonders wendet sich der Papst an die jungen Menschen. Unter Johannes Paul II. sei die Kirche „mutiger, freier und jünger" geworden.

Er kommt im Sommer nach Deutschland

Kardinal Meisner erzählt, als er gleich nach der Wahl den neuen Papst fragen wollte, ob er im August zum Weltjugendtag nach Köln komme, habe ihm vor lauter Aufregung die Stimme versagt. Benedikt XVI. habe ihn aber auch so verstanden und gesagt: „Du, ich komm schon."

In den Tagen nach der Wahl sieht man auf dem Petersplatz immer wieder Transparente junger Katholiken: „Papst Benedikt XVI. – Wir erwarten dich in Köln", steht auf ihnen und sie hoffen auf rasche Antwort. Die erhalten sie in der ersten Predigt des Pontifex: „Ich denke vor allem an die Jugendlichen", so der Papst. „Ihnen gilt meine herzliche Umarmung in der Erwartung, sie – so Gott will – in Köln beim nächsten Weltjugendtag zu treffen. Mit euch, liebe Jugendliche, Zukunft und Hoffnung der Kirche und der Menschheit, werde ich den Dialog fortsetzen und euren Wünschen zuhören."

Hatte man in Erwartung des kranken Papst Johannes Paul II. das Programm des Weltjugendtages noch stark reduziert, so wird es für das neue rüstige Kirchenoberhaupt von den Veranstaltern nun deutlich erweitert. Nach vorläufigen Schätzungen werden zwischen dem 11. und 21. August mit Papst Benedikt XVI. rund 800.000 junge Menschen aus der ganzen Welt, 600 Bischöfe und 4000 Journalisten in Köln erwartet.

Auch in Rom blüht Kitsch

Bereits zwei Tage nach der Wahl Joseph Kardinal Ratzingers zum neuen katholischen Kirchenoberhaupt bieten die Geschäfte weltweit und so auch in Rom Kerzen mit dem Bild des lachenden Papstes an. Manche Kunden fragen, ob es schon Briefmarken der Vatikan-Post gibt.

Die ersten drei Briefmarken mit dem Bild des neuen Papstes Benedikt XVI. erscheinen am 24. Mai. Sie sind lateinisch beschriftet. Die 45-Cent-Marke mit der Aufschrift „Habemus papam" – „Wir haben einen Papst" zeigt den Papst im roten Mantel, den er bei seiner Wahl am 19. April trug. „Tu es Petrus" – „Du bist Petrus" steht auf der 62-Cent-Marke, die den Pontifex maximus in weißer Soutane zeigt, und auf der 80-Cent-Marke ist der Papst mit seinen Bischofsinsignien und der Mitra zu sehen. Sie trägt die Aufschrift „Episcopus Romae" – „Bischof von Rom".

Auch Schneekugeln und T-Shirts lassen nicht lange auf sich warten. Und natürlich auch hier überall Leckereien, die sich auf den neuen Papst beziehen. Wer jetzt schnell ist, macht das Geschäft. Die wunderbare Kitsch- und Kalorienbombenvermehrung scheint also auch in anderen Ländern keine Grenzen zu kennen.

Essen und Trinken hält Leib und Seele zusammen

Zum Lieblingslokal Joseph Ratzingers, dem Tiroler Keller, der „Cantina tirolese" in Rom ist es nicht weit. Wie viele Prälaten und Schweizergardisten hielt auch er sich gerne in diesem preiswerten, gemütlichen Lokal auf, in das auch Studenten und Touristen einkehren, um die dort herrschende bayerisch-österreichische Atmosphäre zu genießen. Dies gönnte sich Ratzinger als einzigen Luxus. So, wie man ihn ehemals als Kardinal durch die Gassen von Borgo Pio zur „Cantina tirolese" in die Via Vitelleschi eilen sah, wird man ihn als Papst allerdings wohl nicht mehr erleben können.

Mancher Kellner ist betrübt, wenn er daran denkt, Benedikt XVI. künftig nicht mehr als Gast begrüßen zu dürfen. So seufzt der 52-jährige aus Neapel stammende Leonardo Carannante, der Ratzinger oft Gulasch servieren durfte, wie sehr ihm dieser „reservierte, aber stets freundliche Herr" fehlen wird. Am liebsten würde er Tisch Nr. 6 „Ratzinger –Tisch" taufen, war dies doch der Stammtisch des Kardinals. Roberto Proscio, Besitzer der „Antica cantina", des „Alten Kellers" in Valmontone kennt den neuen Papst bereits seit 20 Jahren immerhin so gut, dass Ratzinger ihm sogar einmal anbot, der Tochter bei der Latein-Übersetzung zu helfen.

Als hätte er alle Zeit der Welt

Einen Tag nach der Wahl, am Mittwoch, zeigt sich der neue Papst Benedikt XVI. völlig überraschend und gegen die Regeln des päpstlichen Protokolls auf der Straße in der Nähe des Vatikans. Direkt vor seiner bisherigen 300 m^2 großen Wohnung an der „Piazza della Città Leonina", Hausnummer 1, im malerischen Stadtteil Borgo zeigt er sich in der Öffentlichkeit. Im weißen Papstgewand geht er auf die Menschen zu und spricht mit ihnen, bevor er in einen wartenden Wagen steigt. Ein solches Bad in der Menge bereits einen Tag nach der Papstwahl habe es in der jüngeren Geschichte bisher noch niemals gegeben, heißt es in der Presse.

Die 85 Siegel, die traditionsgemäß nach dem Tod von Johannes Paul II. am 2. April an die päpstlichen Gemächer angebracht waren, werden am Mittwochnachmittag entfernt, sodass Joseph Ratzinger seine künftigen Wohn- und Arbeitsräume hoch über dem Petersplatz in Rom betreten kann. Benedikt XVI. sei gelassen gewesen, als er das Appartement besichtigt habe, erzählt einer der Begleiter. „Er ist langsam umhergegangen. Es war, als hätte er alle Zeit der Welt."

Benedikts „freier, fremder Vogel im Vatikan"

Benedikt XVI. äußert kurz nach seiner Wahl den Wunsch, seine deutsche Haushälterin, die 55-jährige Ingrid Stampa, weiter in seinen Diensten zu behalten. Die aus Norddeutschland stammende Frau hatte in jungen Jahren Musik studiert. Sie spielte die Viola da Gamba, ein Vorläufer-Instrument des Cello. Sie, die von sich selbst sagte, sie sei „mit der Musik verheiratet", lehrte mit 26 Jahren als Dozentin an der Musikhochschule in Hamburg. Doch von einem Tag auf den anderen gab sie ihre Karriere auf und verschenkte alles, was sie besaß. Damals habe sie „die Freiheit in der totalen Abhängigkeit von Gott" gesucht.

1988, anlässlich einer Wallfahrt nach Rom, ergab es sich, dass sie gebeten wurde, aushilfsweise die Pflege des kranken Erzbischofs Zacchi zu übernehmen, der dreieinhalb Jahre später starb. Danach wollte Ingrid Stampa nach Deutschland zurückkehren, um dort eine Pflegeausbildung zu absolvieren. Doch da wurde sie vom Leibarzt des Papstes, von Renato Buzzonetti, gebeten, bei Joseph Ratzinger einzuspringen, der 1991 nach einer Gehirnblutung selbst pflegebedürftig war und dem ausgerechnet in dieser Zeit seine ältere Schwester Maria, die ihn üblicherweise betreute, gestorben war.

Seit dieser Zeit wirkte Ingrid Stampa im Haushalt des Kardinals, „als freier, fremder Vogel im Vatikan", wie sie sich selbst bezeichnet. Nach ihren Aussagen habe sie der Kardinal stets mit großem Respekt behandelt. Bei den gemeinsamen Mahlzeiten kam es immer wieder zu einem für sie hoch interessanten Gedankenaustausch. Auch wenn sie verschiedener Ansicht waren, habe Ratzinger ihre Meinung immer gelten lassen und ihre innere Freiheit respektiert. Gerne hielt er sich am Abend in dem schönen Dachgarten auf, den seine Haushälterin für ihn angelegt hatte. 1996 begann Ingrid Stampa damit, Übersetzungen aus dem Italienischen ins Deutsche anzufertigen, darunter auch Gedichte von Papst Johannes Paul II., die in Deutschland unter dem Titel „Auf, lasst uns gehen" erschienen sind. Nach der Wahl zum Papst steht sie Benedikt XVI. weiterhin als „Mädchen für alles" zu Diensten.

Sogar der Fernseher ist alt

Die neuen päpstlichen Gemächer sind weitläufig, aber schlicht. Die Papstwohnung im dritten Stockwerk des Apostolischen Palastes zählt alles in allem etwa ein Dutzend Zimmer, darunter Bibliothek, Privatkapelle und das Zimmer der Haushälterin. Jeglicher Luxus wird vom Heiligen Vater abgelehnt, Benedikt übernehme sogar den alten Fernseher seines Vorgängers. Während Johannes Paul II. sich gerne Informationssendungen und auch Fußballspiele ansah, wird das „Arbeitstier" Ratzinger dafür vermutlich keine Zeit opfern. „Ich kann mir keinen benebelten Kopf erlauben", so seine Meinung. Allenfalls lässt er sich durch die italienische Nachrichtensendung „Telegiornale" über wichtige Tagesnachrichten informieren.

Die Frage ist, ob Benedikt das geräumige Speisezimmer so nutzen wird wie sein Vorgänger Papst Johannes Paul II., der, solange er gesund war, gerne im größeren Kreis gespeist hat. Dabei führte er mit geistlichen oder weltlichen Gästen lebhafte Gespräche. Gelegentlich gab es nach dem Kaffee auch ein Gläschen Wodka.

Schwäche für Mozart, Beethoven und Chopin

Die einfachen Möbel aus Ratzingers Kardinals-Wohnung, darunter sein verschnörkelter Nussbaumschreibtisch aus Familienerbe, werden beim Umzug ebenso verpackt wie sein Klavier. Doch das sperrige Instrument können die Möbelpacker nicht durch das Treppenhaus der alten Ratzinger-Wohnung bugsieren, weshalb es in Einzelteile zerlegt und in den päpstlichen Gemächern wieder zusammengesetzt werden muss.

Benedikt XVI. ist ein ausgezeichneter Pianist, der zur Entspannung gerne in die Tasten greift und allein oder vierhändig mit seinem Bruder Georg bevorzugt Mozart, Beethoven und Chopin spielt. Schon immer enttäuschte es ihn, dass er nicht so gut singen kann wie sein Bruder Georg. Gleichwohl, so berichtet der Journalist Peter Seewald, „ich erinnere mich, wie wir an einem Sonntag durch den Vatikan düsen, der Sekretär am Steuer seines neuen Golf, und er drückt ziemlich aufs Gas. Als er eine CD einlegt, erlebe ich einen blendend aufgelegten Kardinal. Lalalala – es klingt, als säße Pavarotti im Wagen."

Als Musikliebhaber vergleicht Ratzinger übrigens auch die wahre Lehre der Kirche, die Orthodoxie, mit dem Bild einer Symphonie. Vereint durch eine schön komponierte Melodie und unter Leitung eines kundigen Dirigenten, so seine Ansicht, erzeugen Instrumente einen wunderbar harmonischen Klang. Glaubenspluralismus aber produziert Misstöne und Chaos. Es verwundert nicht, dass der neue Papst für Theologen so etwas wie der „Mozart der Theologie" ist.

Sein größter Schatz

Auf keinen Fall vermissen möchte Benedikt XVI. natürlich seine etwa zweitausend Bücher, die ihm sehr viel bedeuten. Als Kardinal blieb er oft vor dem Schaufenster der kleinen Buchhandlung an der Via Mascherino stehen, um sich die Neuerscheinungen anzusehen. Eigentlich wollte er an seinem Lebensabend viele Bücher lesen, darunter auch solche, die mit Kirche und Theologie nicht unmittelbar zu tun haben. So schätzt er neben Franz Kafka und Thomas Mann vor allem Hermann Hesse, dessen „Steppenwolf" zu seinen Lieblingsbüchern zählt. Der Held dieses 1927 erschienenen Romans ist ein Außenseiter, der an seiner Zeit krankt und doch keinen Weg der Heilung weiß. Er kann den Zwiespalt von wölfischer und menschlicher Seele in sich nicht überwinden. „Der Weg in die Unschuld ... zu Gott führt nicht zurück, sondern vorwärts, nicht zum Wolf oder Kind, sondern immer weiter in die Schuld, immer tiefer in die Menschwerdung hinein." Nach Hesses Ansicht ist sein Buch „keineswegs das eines Verzweifelten", wie man vermuten könnte, „sondern das eines Gläubigen".

Als Papst wird Benedikt nun allerdings kaum noch zu solcher Art Lektüre kommen. Zumindest aber lässt er sich seine umfangreiche Bibliothek aus der ehemaligen Kardinalsunterkunft in die neue Papstwohnung bringen, deren Zimmerwände nach seinem Wunsch in einem hellen freundlichen Ton gestrichen sind.

Diener der Diener Gottes

Keine Krönung für Benedikt XVI.

Eine Krönungszeremonie, so wie 1963 zur Amtseinführung von Papst Paul VI., findet am Sonntag, den 24. April, nicht mehr statt. Damals wurde der neue Pontifex von starken Männern auf dem prunkvollen Tragethron der „sedia gestatoria“ durch die Menge zum Pontifikalamt auf den Petersplatz getragen. Mitglieder der Schweizer Garde eskortierten ihn mit Fächern aus Straußenfedern – einst Insignien der byzantinischen Kaiser. Ein Prälat brachte dann die edelsteinbesetzte Tiara, die Dreifachkrone auf einem Samtkissen. Sie wurde dem neuen Pontifex maximus vom ranghöchsten Kardinal mit den Worten aufs Haupt gesetzt: „Empfange die mit drei Kronen geschmückte Tiara und wisse, dass du der Vater der Fürsten und der Könige bist, der Lenker des Erdkreises, der Statthalter unseres Erlösers Jesus Christus.“ Die dreifache Krone sollte also die Herrschaft des Papstes über weltliche und kirchliche Mächte sowie über die gesamte Christenheit versinnbildlichen. Die Nachfolger verzichteten auf dieses „Symbol der weltlichen Macht“, auf die Tiara. Sie demonstrierten damit Demut und Ergebenheit.

Auch Benedikt XVI. wird nur mehr mit der Mitra, der Bischofsmütze, „behütet“ und der Tragesessel ist längst durch das Papamobil ersetzt. Ein schlichter Händedruck bekräftigt den neuen Papst in seinem Amt.

Die Tiara schenkte übrigens bereits Papst Paul VI. den amerikanischen Katholiken zum Dank für ihre großherzigen Spenden zugunsten der Armen der Welt. Damit zog er auch einen Schlussstrich unter die weltlichen Herrschaftsansprüche seiner Vorgänger. Seither wird die Papstkrone in der Washingtoner Kathedrale „National Shrine“ aufbewahrt.

Doch eine Papstkrönung in St. Peter in München

Was viele nicht wissen, zur Amtseinführung von Papst Benedikt XVI. wird in Münchens ältester Pfarrkirche, im Alten Peter, die überlebensgroße Figur des Petrus auf dem Hochaltar mit einer Tiara gekrönt. 1492 schuf der Bildhauer Erasmus Grasser, von dem auch die berühmten Moriskentänzer stammen, den großen gotischen Papst noch ohne Krone. Die vom Goldschmied Johann Michael Ernst geschaffene Tiara wurde der Figur erst 1733 aufs Haupt gesetzt, um die Machtfülle des ersten Papstes zu unterstreichen.

Seither hält man hier an der barocken Tradition fest, nach der die Tiara beim Tod eines Papstes abgenommen und neben dem Marienaltar auf einem dort aufgestellten barocken Bischofsstuhl aufbewahrt wird. Darüber hängt das Bild des jeweils verstorbenen Papstes mit Trauerflor. Erst wenn ein neuer Papst gewählt ist, wird auch die Petrus-Figur erneut gekrönt und der jeweilige Pfarrer – 2005 war es Pfarrer Herbert Kuglstatter – setzt der Heiligenfigur des Petrus mit Hilfe seines Mesners die dreifache Krone wieder feierlich aufs Haupt.

Ein Freudenfest zur Amtseinführung

Die Inauguration, die Einführung in das päpstliche Amt, am Sonntag, den 24. April 2005, gestaltet sich auf dem Petersplatz in Rom zu einem großen Freudenfest. 7000 Ordnungskräfte sorgen für einen reibungslosen Ablauf der Zeremonie. Die Umgebung des Vatikans ist aus Sicherheitsgründen für den Verkehr abgeriegelt und der Luftraum gesperrt. Wie Hornissen kreisen Hubschrauber am blauen Himmel über dem Vatikan.

Um 9.30 Uhr besucht der Papst – 22 Tage nach dem Tod seines Vorgängers – mit einigen Kardinälen das Petrusgrab in der Krypta unter dem Petersdom. Mit dem Gang zum Grab des ersten Papstes der Christenheit bekennt er sich zu den Grundfesten der Kirche und zu Petrus, den Christus als Felsen der Kirche bezeichnete.

Um 9.50 Uhr schreiten die hohen Würdenträger durch die menschenleere Basilika auf den sonnenumstrahlten Petersplatz, wo sie von etwa 350.000 Pilgern und Staatsgästen, die sich bis hoch hinauf zur Via della Conziliazione drängen, mit stürmischem Applaus begrüßt werden. Wenn Petrus wirklich das Wetter macht, dann ist er ohne Zweifel einverstanden mit dem bayerischen Nachfolger auf seinem Stuhl. Die Zahl der Pilger aus Deutschland wird auf 100.000 geschätzt, darunter Tausende Besucher aus Bayern, zumeist in festlicher Tracht, ihre weiß-blauen Fahnen schwenkend. Aber auch schwarzrotgoldene Fahnen scheinen den Petersplatz für sich erobert zu haben.

Der bayerische Ministerpräsident Stoiber ist im Airbus mit einer 160-köpfigen Delegation aus Bayern angereist, darunter Vertreter aus Marktl, Pentling, Regensburg, außerdem Gebirgsschützen aus Tegernsee, Abiturientinnen mit Leistungskurs Religion und geistliche und politische Abgesandte aus dem Freistaat. Besonders die Vertretung aus Marktl wird von den Ordnungskräften herzlich begrüßt: „Ah, si, si, Marktl! Papa! Viva Ratzinger!"

Die päpstlichen Amtsinsignien

Festlich gekleidet im goldenen Messgewand erscheint Benedikt XVI. Er trägt rote Schuhe als Zeichen seiner Würde. Im antiken Rom durften nur die Kaiser rotes Schuhwerk tragen. Das goldene Priestergewand verleiht dem Pontifex eine majestätische Ausstrahlung. Diese Soutane wurde wie die Mitra – die Kopfbedeckung des Papstes – ursprünglich 1996 zum 50. Priesterjubiläum von Papst Johannes Paul II. angefertigt.

Um 10 Uhr beginnt die feierliche Messe, die als Krönungsmesse gefeiert wird, auch wenn sich die Päpste seit Paul VI. nicht mehr die Tiara aufsetzen lassen, die der Krone eines weltlichen Herrschers nachempfunden war. Der chilenische Kardinal Jorge Arturo Medina Estevez zelebriert die Messe, bei der Benedikt XVI. gegen 10.15 Uhr feierlich die Amtsinsignien übergeben werden: das Pallium und der Fischerring.

Das Pallium ist eine mit fünf blutroten Kreuzen und goldenen Nägeln bestickte 2,60 Meter lange Stola aus Lammwolle, die von den Bischöfen Roms seit dem vierten Jahrhundert bis zur Trennung der

Ost- und Westkirche im Jahre 1054 traditionell getragen wurde. Die Zeichen erinnern an die Wundmale Jesu Christi. Die Stola ist das Zeichen dafür, dass Benedikt XVI. die Ost- und Westkirche gerne einen möchte, da er als neuer Oberhirte für die gesamte katholische Christenheit Verantwortung zu tragen hat. Das Pallium ist aber auch Symbol für das verlorene Schaf, das Christus trägt, und es „sagt uns zuallererst", so Benedikt XVI., „dass wir alle von Christus getragen werden. Aber er fordert uns zugleich auf, einander zu tragen".

Der goldene Fischerring ist ebenfalls das Zeichen päpstlicher Amtswürde. Die Ringplatte trägt den lateinischen Namen des Papstes, außerdem ein Bild des Heiligen Petrus, der sein Fischernetz auswirft. Diese Darstellung erinnert an die Episode, als Jesus Petrus aufforderte, künftig als „Menschenfischer" tätig zu sein. Zum Zeichen ihrer Verehrung knien Gläubige vor dem Papst nieder und küssen den Fischerring.

Der Hirtenstab und die goldene Papstmitra stellen weitere Zeichen der päpstlichen Würde dar.

Der Hirtenstab ist das Symbol des „guten Hirten", der seine Herde schützt und leitet und Christi Auftrag erfüllt: „Weide meine Schafe!" Der Stab ist von einem Kreuz gekrönt, an dem Jesus, der Gekreuzigte, hängt. Er ist es, der durch seinen Tod die Menschheit erlöst hat. Den silbernen Hirtenstab hat Benedikt XVI. gleichsam wie einen Stafettenstab von seinem Vorgänger Papst Johannes Paul II. übernommen.

Die goldene Papstmitra war ursprünglich für das 50-jährige Priesterjubiläum von Papst Johannes Paul II. gefertigt, wurde aber von ihm wegen des Gewichtes nie getragen, da er gesundheitlich schon recht geschwächt war.

So festlich gekleidet ist der Papst natürlich nicht immer. Seine alltägliche Berufskleidung besteht aus einer weißen Soutane, einem weißen Schulterumhang und einem weißen Scheitelkäppchen. Außerdem trägt er ein Brustkreuz und bei kalter Witterung einen roten Umhang.

Entwurf des Papstwappens, in das die Bestandteile des bayerischen Bischofswappens vom ehemaligen Kardinal der Erzdiözese München-Freising Joseph Ratzinger übernommen werden: der Moor, der Bär und die Muschel

Das päpstliche Wappen

Jeder Papst wählt sich auch ein Wappen. Benedikt XVI. übernimmt dabei alle Elemente des Wappens, das er als Bischof von München und Freising führte. Damit hat er gleichsam seine altbayerische Heimat voll in das päpstliche Wappen aufgenommen. Es enthält drei Elemente: den Kopf des „Freisinger Mohren“, den „Korbiniansbären“ und die „Muschel“. Diese Figuren haben folgende Bedeutung.

Der *Freisinger Mohr* – zu sehen ist nur der gekrönte Mohrenkopf – gilt seit 1316 als Zeichen für das Fürstbistum Freising. Es wird vermutet, dass dieser Kopf bereits Bestandteil des Siegels von Bischof Emicho (1283–1311) war. Der Mohrenkopf erinnert an den Heiligen Mauritius, also den Heiligen Moritz. Mauritius stammte aus Ägypten und war römischer Offizier. Er lebte im dritten Jahrhundert nach Christus. Er verweigerte den Befehl, in der Region des heutigen St. Moritz (Schweiz) Christen zu töten, da er selbst Christ war. Dafür mussten er und seine Legion den Märtyrertod sterben.

Der Freisinger Mohr ist also Sinnbild für Glaube, Standhaftigkeit und Mut und vielleicht ist es mit Blick auf das Alter Benedikt XVI. auch erlaubt, an das alte Sprichwort zu erinnern: „Der Mohr hat seine Schuldigkeit – noch nicht – getan, der Mohr kann – noch nicht – geh'n."

Der *Korbiniansbär* steht im Mittelpunkt einer alten Legende. Der heilige Korbinian (680 – 725) war der erste Bischof von Freising. Auf seiner zweiten Reise nach Rom riss in der Nacht ein Bär das Pferd, das das Reisegepäck schleppte. Als Korbinian entdeckte, was das Raubtier angerichtet hatte, befahl er seinem Diener, den Bären zu satteln und ihm das Gepäck aufzuladen. Der Bär ließ das mit sich geschehen, ohne sich zu wehren, und trug die Last willig bis nach Rom, wo ihn der Bischof in die Wälder entließ.

Diese Legende weist auf die Wildheit des Heidentums hin. Bischof und Papst besitzen die Macht, das Böse zu zähmen. Außerdem werden wir daran erinnert, dass ein „Lastenträger Gottes" die ihm auferlegte Bürde des Amtes willig zu tragen habe. Der gesattelte Bär ist übrigens auch Bestandteil des Stadtwappens von Freising, wo Ratzinger mehrere Jahre als Hochschuldozent wirkte.

Die *Muschel* hat dreifache Bedeutungen. Zum einen weist sie – man denke nur an die berühmte Jakobsmuschel – auf das pilgernde Gottesvolk hin, als dessen Hirte sich der Papst versteht. Zum anderen erinnert sie an ein Gleichnis. Der heilige Augustinus (354 – 430) beobachtete einst einen Jungen, der am Strand versuchte, das Meer mit einer Muschel in eine Sandgrube zu schöpfen. So unerschöpflich wie das Meer mit einer Muschel ist, so unerschöpflich und unergründlich ist auch der allmächtige Gott. Zum dritten erinnert die Muschel an Ratzingers Lebensweg oder Pilgerweg. 1953 promovierte er an der Universität München über die Lehren des Heiligen Augustinus. Darüber hinaus ist diese Muschel auch im Wappen des Schottenklosters in Regensburg enthalten. An der dortigen Hochschule lehrte Ratzinger von 1969 bis 1977 Dogmatik und Dogmengeschichte.

Der ehemalige Wappenspruch lautete „Cooperatores Veritatis“, „Mitarbeiter der Wahrheit“.

Gekrönt ist das Wappen von der päpstlichen Mitra. Hinter dem Wappen sind die gekreuzten Schlüssel des heiligen Petrus zu sehen, die auf die päpstliche Schlüsselgewalt hinweisen.

„Die Kirche lebt! Die Kirche ist jung!“

Bei der feierlichen Inthronisationsmesse sitzt Benedikt XVI. noch etwas steif auf dem Papst-Stuhl inmitten des Heeres seiner Kardinäle in roten Gewändern. Ihnen gegenüber haben die Staatsoberhäupter und Regierungschefs Platz genommen.

Gegen 10.35 Uhr leisten zwölf Menschen vor dem Papst stellvertretend für die Christenheit ihr Gehorsamsversprechen: drei Kardinäle, ein Bischof, ein Pfarrer, eine Nonne, ein Mönch, ein Diakon und nicht zuletzt Laien, ein junges koreanisches Paar mit seinem Kind und zwei Firmlinge aus Sri Lanka und dem Kongo.

In seiner Predigt gegen 11.40 Uhr ruft der neue Pontifex den Menschen zu: „Erst, wo Gott gesehen wird, beginnt das Leben richtig … Die Kirche lebt! Die Kirche ist jung! Sie trägt die Zukunft der Welt in sich und zeigt daher auch jedem Einzelnen den Weg in die Zukunft! … Nicht die Gewalt erlöst, sondern allein nur die Liebe! … Wer glaubt, ist nie allein, im Leben nicht und auch nicht im Sterben! … Habt keine Angst vor Christus. Er nimmt nichts und gibt alles … Betet für mich, dass ich nicht furchtsam vor den Wölfen fliehe.“ Insgesamt wird die Predigt an die 40 Mal vom Applaus der Pilger unterbrochen. Anschließend sprechen alle gemeinsam das Glaubensbekenntnis.

Rom in Weiß-Blau

Nach dem Festgottesdienst fährt der Papst gegen 13.00 Uhr, von den Pilgern mit „Benedetto“-Rufen umjubelt, in einem offenen weißen Geländewagen, seinem ersten „Papamobil“, winkend und segnend über den Petersplatz und nimmt zu den Klängen der Toccata d-moll des evangelischen Komponisten Johann Sebastian Bach ein Bad in der Menge. Dabei begegnet er auch kurz seinem Bruder Georg, der

Spruchband und bayerische Rautenfahne beim Festgottesdienst zur Amtseinführung Benedikts XVI. am Sonntag, dem 24. April 2005

sichtlich gerührt von diesem Wiedersehen ist. Der Petersplatz ist jetzt ein weiß-blaues Fahnenmeer. Es scheint, als seien nur Menschen aus der bayerischen Heimat des Papstes zugegen. Die Gebirgsschützen aus Tegernsee hätten gerne zu Ehren des neuen Pontifex, der ihr Ehrenmitglied ist, einen Ehrensalut geschossen. Aus Sicherheitsgründen ist dies aber strengstens untersagt.

Anschließend gibt der Papst seine erste Audienz. Flankiert von zwei Schweizer Gardisten mit Hellebarden sitzt er im Petersdom auf dem weißen Thronsessel, den auch sein Vorgänger bei den wöchentlichen Audienzen benutzt hatte. Er empfängt geistliche Würdenträger und Staatsoberhäupter aus 131 Staaten. Die Frauen tragen – gemäß dem Wort aus dem Korintherbrief: „Das Haupt soll bedeckt sein." – als Zeichen der Demut einen schwarzen Spitzenschleier, nur gekrönte Damen dürfen in Weiß erscheinen. Allen voran begrüßt der Papst den bayerischen Ministerpräsidenten Edmund Stoiber mit Gattin. Der versichert ihm: „Wir Bayern sind riesig stolz auf unseren Papst! Ihre Wahl adelt Deutschland und Bayern!" Benedikt XVI. lächelt erfreut: „Das ist ja wunderbar, dass so viele Bayern da sind. Ich habe sie genau gesehen. Ich habe mich so gefreut darüber. Ich werde bald nach Bayern kommen."

Weltweiter TV-Quotenrenner

Die prunkvolle Amtseinführung von Papst Benedikt XVI. am Sonntag lockt ab 9 Uhr 2,38 Millionen Zuschauer in Deutschland an die Fernsehgeräte. Das entspricht einem Marktanteil von 19,1 Prozent. Gegen 12 Uhr sahen sogar weit mehr als drei Millionen zu. Weltweit beteiligten sich schätzungsweise mehrere 100 Millionen an der Fernsehübertragung vom Petersplatz in Rom.

Sonderaudienz mit Humor und Scherzen

In seiner ersten Sonderaudienz nach seinem Amtsantritt empfängt Benedikt XVI. etwa 4000 Pilger aus Deutschland, darunter auch Bischöfe und Kardinäle. Er wirkt entspannt und gut gelaunt. Sein verspätetes Eintreffen um wenige Minuten inspiriert ihn zu einem kleinen Scherz. Eigentlich seien die Deutschen ja für ihre Pünktlichkeit bekannt. Es scheine nun aber, als ob er sich hier in Rom während seines 23-jährigen Aufenthalts ein wenig zum Italiener entwickelt habe. Nach dieser Einleitung fährt er schmunzelnd fort: „Also jetzt muss ich euch doch etwas erzählen – natürlich ohne das Konklavegeheimnis zu brechen." Er habe mit dem Papst-Amt, das von ihm nicht angestrebt worden sei, auch nicht gerechnet. Er habe vielmehr geglaubt, dass sein Lebenswerk zu Ende sei. Als er aber plötzlich erkannt habe, dass die Wahl auf ihn zulief, als die Würfel gefallen waren, „als das Fallbeil auf mich herabfiel und mir ganz schwindelig zumute wurde", da habe er zum Himmel gefleht: „Tu mir das nicht an! Du hast Jüngere und Bessere, die mit ganz anderem Elan und mit ganz anderer Kraft an diese große Aufgabe herantreten können. Doch der Herr hat mich diesmal offenbar nicht erhört", und so sei er dem Ruf Gottes gefolgt. Alles gehe eben nicht immer nach Plan und schon gar nicht immer auf dem „bequemen Weg".

Nun aber wolle er, so Benedikt XVI., den Kurs seines Vorgängers fortsetzen und auf alle Menschen zugehen. Vor allem aber beabsichtige er, seine Bemühungen um die Einheit aller Christen ebenso wie den Dialog mit den Weltreligionen zu intensivieren. Und noch eines betont er, indem er sich den jungen Menschen zuwendet. Es sei doch überhaupt nicht wahr, dass die Jugend stets nur Luxus und Konsum wolle. „Sie will das Große und das Gute.“

Mit dieser seiner ersten Sonderaudienz erreicht der Papst die Herzen der Anwesenden erneut, wie ihm der rauschende Beifall deutlich signalisiert.

Das magische Fenster

Etwa zwei Wochen nach seiner Wahl spricht Benedikt XVI. am 1. Mai erstmals das Sonntagsgebet von seiner Papstwohnung aus. Tief unten auf dem Petersplatz recken Zehntausende Menschen die Hälse und jubeln ihm zu, als er an das so genannte „magische Fenster“ tritt, das in der „magischen Kammer“ im dritten Stock des Apostolischen Palastes liegt. Er winkt den Wartenden zu und verkündet: „Ich zeige mich zum ersten Mal an diesem Fenster, das mein geliebter Vorgänger unzähligen Menschen in der ganzen Welt bekannt gemacht hat.“ An diesem Fenster hatte sich in der Tat Papst Johannes Paul II. oftmals gezeigt, das letzte Mal sogar wenige Tage vor seinem Tod. Jetzt weiß die Welt, der neue Papst ist umgezogen. Für viele Römer hat er erst heute sein Amt angetreten.

Zum 1. Mai fordert der neue Papst, auch in der Arbeitswelt müsse die menschliche Würde gewahrt werden. „Ich hoffe, dass es nicht an Arbeitsplätzen mangelt, vor allem nicht für die Jugend.“

Der Einzug in die päpstlichen Gemächer fand erst einen Tag zuvor, am 30. April, statt, obwohl bislang nur das Schlafzimmer und das Badezimmer renoviert sind. Die übrigen Räume werden dem Vernehmen nach während des Sommerurlaubs des Papstes hergerichtet.

Das Schönste an der Papstwohnung ist übrigens die Aussicht. Zur linken Hand kann Benedikt seine Blicke über die Ewige Stadt schweifen lassen, über das Netz der Straßen und Plätze bis hin zum Kolosseum. Blickt er aus seiner neuen Dienstwohnung nach rechts, hat er den Petersdom vor sich, riesig und zum Greifen nah.

Sommerurlaub künftig in Castelgandolfo?

Am Fest Christi Himmelfahrt, am 5. Mai, bringt ein Hubschrauber Benedikt in die Albaner Berge zur päpstlichen Sommerresidenz Castelgandolfo. Dort trifft er den Ortsbischof, den Pfarrer des Ortes, sowie Bürgermeister und Gemeinderat. Am Nachmittag, gegen 16 Uhr 45, begrüßt er von einem Fenster des Apostolischen Palastes aus mehrere tausend Menschen, die sich auf dem Marktplatz versammelt haben. „Wenn Gott will“, so verkündet er, „verbringe ich künftig die Sommermonate hier. Wir sehen uns so bald wie möglich wieder.“ Vielleicht hält es Bendikt XVI. wie etliche seiner Vorgänger und zieht sich im Sommer vor der römischen Hitze für einige Zeit in die Albaner Berge zurück.

Stärkung der Schweizer Garde

Am Freitag, den 6. Mai, wird die kleinste Armee der Welt, die Schweizer Garde, um 31 Mann erweitert. Seit 1506 bewacht sie den Vatikanstaat und trägt noch immer jene Uniformen, die Malergenie Michelangelo (1475 –1564) einst entwarf. Die Gesamtzahl der Garde steigt damit auf 110 Personen. Bei der Vereidigung lobt der Papst die Schweizergarde, die ihm seit Beginn seines Pontifikates „treu und allzeit dienstbereit zur Seite“ steht. „In der Person des Papstes“, so Benedikt, „dient ihr der gesamten Kirche. Ihr begleitet den Nachfolger Petri ‚auf Schritt und Tritt‘ und garantiert in bewährter Weise seinen Schutz, damit er frei von Sorgen um die eigene Sicherheit seinen Dienst zum Heil der Menschen und zum Wohl der Völker erfüllen kann.“

Die Aufnahmekriterien in die Armee sind streng. Die Rekruten müssen katholisch, ledig zwischen 19 bis 30 Jahre alt sein. Verlangt werden von ihnen „Festigkeit im katholischen Glauben, ein überzeugter christlicher Lebensstil, unerschütterliche Treue und tiefe Liebe für die Kirche und den Stellvertreter Christi“, außerdem „Mut und Bescheidenheit“.

Zudem sind ein Schweizer Pass, der Besuch der Rekrutenschule und eine Körpergröße von mindestens 1,74 Meter Voraussetzung. Die Gardisten, die traditionell in bunte Uniformen gekleidet sind, sollen den Papst unter Einsatz ihres Lebens schützen.

Die Vereidigung der Rekruten findet immer an einem besonderen Gedenktag statt, am Jahrestag des „Sacco di Roma", der Plünderung Roms. Am 6. Mai 1527 ließen dabei 147 Schweizer Gardisten im Kampf für den Papst das Leben. Die Schweizergarde besteht seit dem Jahr 1506. Sie wird 2006 ihren 500. Geburtstag feiern können.

Ein frohes Pfingstfest

Es war am Pfingsttag, wie die Bibel berichtet, als die Apostel den Heiligen Geist empfingen, um Gottes Wort in allen Sprachen zu verbreiten. Pfingsten ist die Geburtsstunde des Systems Kirche.

Im voll besetzten Petersdom feiert Benedikt XVI. am Pfingstsonntag, den 15. Mai 2005, einen feierlichen Festgottesdienst, in dem er 21 Diakone, davon 11 Italiener, zu Priestern weiht. In seiner Predigt thematisiert er das Phänomen Freiheit: „Die menschliche Freiheit ist immer eine geteilte Freiheit, eine Gesamtheit von Freiheiten", betonte er. Und um diese gemeinsame Freiheit zu erreichen, sei „eine geordnete Harmonie der Freiheiten" unbedingte Voraussetzung. Deshalb seien die Zehn Gebote Gottes auch „keine Einschränkung oder Abschaffung der Freiheit, sondern die Grundlage der wahren Freiheit".

Im Sinne des Pfingstgeistes, der trotz aller sprachlichen, emotionalen und geistigen Barrieren eine gemeinsame Verständigung bewirkt, muss die Kirche „die Grenzen zwischen den Völkern öffnen und die Barrieren zwischen den Klassen und Rassen niederreißen". Dann erteilt Benedikt XVI. erstmals den Pfingstsegen.

Was vor fast 2000 Jahren an Pfingsten seinen Anfang nahm, besitzt noch heute Gültigkeit. Sich daran jedes Jahr an Pfingsten erneut zu erinnern, dazu sind die Gläubigen eingeladen. Sie blicken auf fast 2000 Jahre katholische Kirche zurück, auf eine Kirche, die längst den Globus umspannt. Wie schon bei den frühen Christen vereint die Kirche die Welt im gemeinsamen Glauben. Seither teilen

Milliarden Menschen diesen Glauben an Jesus Christus, an die gleichen Worte der Bibel, und sie sprechen die gleichen Gebete. Dabei erleben sie stets aufs Neue: Wer glaubt, ist nicht allein.

Der päpstliche Alltag beginnt

Die Feste und Feiern zur Wahl des neuen Papstes sind Anfang Mai vorüber. Im Vatikan kehrt Normalität ein. Nun heißt es Tag für Tag, den Glauben von 1,1 Milliarden Katholiken zu organisieren. Dies kann nur mit großem Gottvertrauen, mit klaren Vorstellungen, gegebenenfalls auch mit konsequenter Strenge geschehen.

Für Benedikt XVI. gestaltet sich der Alltag mit etwa zwölf Stunden Arbeit, vier Stunden Erholung und acht Stunden Schlaf. „Ich stehe früh auf und arbeite bis in den Abend“, betont der Papst. Um 6 Uhr morgens wacht er auf, ohne Wecker, wie es heißt. Dann nimmt er als erstes seine Blutdruckpille und ein kleines Frühstück zu sich. Anschließend beginnt der Arbeitstag. Gespräche sind zu führen, Sitzungen zu leiten, Empfänge und Audienzen abzuhalten, Schriftstücke, darunter auch Briefe zu verfassen, eine umfangreiche Lektüre zu bewältigen, Vorträge und Predigten vorzubereiten, Reisen zu planen und ... und ... und vieles andere mehr. Dazwischen kurze Erholungspausen mit Mittagessen oder einem kleinen Imbiss, zur Entspannung einige Musikstücke auf dem Klavier intonieren oder ein gelegentlicher Spaziergang in den Vatikanischen Gärten. Jeden Abend geht Benedikt XVI. um 22 Uhr zu Bett und schläft, ohne Schlafmittel wie es heißt, bis zum nächsten Morgen. Er braucht den Schlaf, denn die Strapazen des Tages erschöpfen den 78-jährigen bis an die Grenzen seiner Leistungsfähigkeit.

Regieren im Gottesstaat

Der Vatikan ist nicht nur ein Gebäudekomplex am römischen Tiberufer, hinter dessen dicken Mauern der Papst mehr oder weniger einsam seiner Arbeit nachgeht und dessen weltweit berühmtes Wahrzeichen der Petersdom ist. Nein, im Vatikan laufen alle Fäden zusammen, hier residieren Geist und Glaube in konzentrierter Form. Hier schlägt das Herz des Glaubens. Es handelt sich um einen selbstständigen Staat im Zwerg-Format, der manchen wie eine Operetten-Monarchie erscheinen mag. Doch dahinter verbirgt sich eine perfekte Schaltzentrale, deren streng hierarchische Strukturen über Jahrhunderte gewachsen sind.

An höchster Stelle steht als Nachfolger des Apostels Petrus und damit als Stellvertreter Christi auf Erden der Papst. Er ist Oberhaupt der Kirche auf Lebenszeit. Der Vatikan ist eine absolute Wahlmonarchie, das heißt, nur die Kardinäle, die noch keine 80 Jahre alt sind, dürfen den Heiligen Vater wählen, der dann lebenslang über 1,1 Milliarden Gläubige herrscht.

Der Papst wiederum ernennt alle Kardinäle, derzeit sind es 183, und die rund 4700 Bischöfe, die ihm vorrangig als Helfer zur Seite stehen. Einen von ihnen bestimmt er zu seiner rechten Hand. Es ist dies der Kardinalstaatssekretär, der zweitmächtigste Mann an der Spitze des Vatikans. Er kommt gleich nach dem Papst, ist sein Stellvertreter und nach ihm der höchste politische und diplomatische Repräsentant des heiligen Stuhls. Jetzt ernannte Benedikt XVI. den 77-jährigen Kardinal Angelo Sodano dazu, der nun die Funktion eines Regierungschefs innehat und der so genannten Kurie, der päpstlichen Zentralbehörde, vorsteht. Als Nachfolger im Amt des Präfekten der Glaubenskongregation, das er selbst 23 Jahre innehatte, bestimmte Benedikt den Erzbischof von San Francisco, William Levada.

Die römische Kurie besteht aus dem Staatssekretariat, neun Kongregationen, drei päpstlichen Gerichtshöfen und aus elf päpstlichen Räten und Ämtern. Die in diesen Ressorts tätigen Kardinäle verwalten alle zentralen kirchlichen Bereiche und regeln im Namen des Papstes und mit seiner Vollmacht alles für die Kirche Erforderliche. Vergleicht man diese Institution mit weltlichen Regierungen, so stellt die Kurie eine Mischung aus Kanzleramt, Innen- und Außenministerium dar. Sie verfügt somit über eine beträchtliche Macht und spinnt das weltweite Netz des Katholizismus.

Die neun Kongregationen sind für folgende Bereiche zuständig: 1. Glaubenslehre, 2. Ostkirchen, die mit Rom vereint sind, 3. Gottesdienst- und Sakramentenordnung, 4. Selig- und Heiligsprechungsprozesse, 5. Bischöfe, 6. Orden und ähnliche Gemeinschaften, 7. Klerus, 8. Evangelisierung der Völker, 9. Katholisches Bildungswesen. In allen Ländern der Welt sind außerdem 175 vatikanische Botschaften, so genannte Nuntiaturen, eingerichtet.

Die Kurie wirkt ähnlich einem „Glaubens-TÜV“ und kontrolliert die rund 3000 über die Welt verteilten Bistümer, wie die Amtsbezirke der katholischen Bischöfe genannt werden. In ihnen betreuen Bischöfe insgesamt rund 400.000 Priester, die in rund 200.000 Pfarreien für die gläubigen Christen arbeiten, außerdem etwa 1.000.000 Ordensleute wie Mönche und Nonnen, die in etwa 1600 Orden und ordensähnlichen Gemeinschaften leben.

Das Erfolgsrezept des Katholizismus ist also gleichsam, dass der Papst denkt, die Kurie lenkt und die Priester dem Volk Gottes in ihrer gemeindlichen Arbeit und in Predigten die kirchliche Lehre nahe bringen. So bleibt die Kirche auf dem Kurs, der in der Heiligen Schrift vorgegeben ist.

Seitenstarke päpstliche Rundschreiben, so genannte Enzykliken, Thesenpapiere und Briefe des Papstes belehren alle Gläubigen über den rechten Glauben. Seit 1931 verbreitet zusätzlich Radio Vatikan Meldungen in 47 Sprachen, darunter auch in Deutsch, in Arabisch und in Kisuaheli. Und natürlich lassen sich auch im Internet auf www.vatican.va die päpstlichen Botschaften einsehen. Auf diese Weise wird sichergestellt, dass die kirchliche Lehre auch die letzte Dorfkirche unverfälscht erreicht.

Alle fünf Jahre tritt jeder Bischof der Erde zum Rapport in Rom an und legt Rechenschaft ab, was in dem ihm anvertrauten Bistum an Erfreulichem und Unerfreulichem geschah. Auf Grundlage vorliegender Statistiken lässt sich nichts verheimlichen, weder Kirchenaustritte noch Scheidungen, weder Taufen noch Finanzen.

Für den alltäglichen Kleinkram stehen dem Papst außerdem noch zwei Privatsekretäre und drei Ordensschwestern zur Seite.

Über Geld redet man nicht

Viele Leute schauen staunend auf die Prachtentfaltung, die der Vatikan bei den diversen festlichen Zeremonien und bei den Festgottesdiensten zur Schau stellt. Vor allem die wertvollen Messgewänder des Papstes und der Kardinäle erregen Bewunderung, ganz zu schweigen von den prachtvollen Kirchen in aller Welt, die mit herausragenden Kunstwerken ausgestattet sind. Da liegt natürlich die Vermutung nahe, dass die Schatzkammern des Vatikans reichlich gefüllt sein müssen. Der Reichtum der katholischen Kirche scheint unermesslich zu sein.

Das Vermögen des Vatikans gehört allerdings nicht dem Papst und auch nicht den Kardinälen. „Es gehört", wie der Papst sagt, „der katholischen Christenheit" und wird zwischen 1,2 und 12 Milliarden Euro geschätzt. Es besteht aus Immobilien, Wertpapieren, Kunstschätzen und Goldreserven. Haupteinnahmequellen sind Mieteinnahmen, der Verkaufserlös von Münzen, Briefmarken und anderen Souvenirs. Auch geschickte Finanztransaktionen lassen den Topf nicht gerade leer werden. Die genaue Summe, die von Jahr zu Jahr um etliche Millionenbeträge nach oben, aber auch nach unten schwankt, ist allerdings nicht bekannt. Diese Rücklage, so verlautet aus Rom, ist jedoch notwendig, da die Kirche schließlich die Verantwortung für das Heer von 1,1 Milliarden Gläubigen zu tragen hat.

Die Hauptausgaben alleine im Vatikanstaat fallen für ganz Alltägliches an. So müssen davon sämtliche Lebensunterhaltskosten bestritten werden wie für Nahrungsmittel, für Wasser und Strom, für die Gehälter der Angestellten sowie für deren Renten und für die Finanzierung der vatikanischen Auslandsvertretungen.

Allein im Vatikan werden insgesamt an die 3000 Angestellte beschäftigt. Während diese Gehälter beziehen, bekommt der Papst keinen Cent. Aber alles, was er für die Ausübung seines Amtes benötigt, wird ihm von der Kirche zur Verfügung gestellt. Bezeichnenderweise vermerkte Papst Johannes Paul II. in seinem Testament: „Ich hinterlasse keinerlei Eigentum, über das verfügt werden müsste." Auch die Kardinäle beziehen nur den Bruchteil des Einkommens, das beispielsweise Politikern bezahlt wird. Als römischer Kurienkardinal bekam Ratzinger dem Vernehmen nach monatlich etwas mehr als 2000 Euro, wovon er Wohnung und Haushalt zu bezahlen hatte.

Diener der Diener Gottes

Wer nun glaubt, der Papst sei der eigenmächtige Alleinherrscher über die Kirche, der tun kann, was ihm gerade in den Sinn kommt, der irrt. Er selbst betrachtet sich nämlich als Diener der Kirche, das heißt als Diener der Gemeinschaft der Gläubigen, der selbst an die seit 2000 Jahren bestehende und von Generation zu Generation tradierte kirchliche Lehre gebunden ist, deren unverrückbare Grundlage das Wort Gottes darstellt, das in der Heiligen Schrift, in der Bibel, festgeschrieben ist. Der Papst kann die Lehre zwar immer wieder neu auslegen, verändern aber darf auch er sie nicht. Über ihm steht nämlich Jesus Christus und sein Wort, also letztlich Gott selbst. Dieser hohen Verantwortung ist er sich immer bewusst und manche Entscheidungen, die den Menschen als konservativ oder gar rückständig erscheinen, sind infolge der mit Bedacht vorgenommenen Auslegung von Gottes Wort getroffen worden. Der Papst kann nicht dem Zeitgeist hinterher laufen, sondern muss als gutes Weltgewissen sich immer wieder aufs Neue auf den Kern und den Geist der christlichen Botschaft rückbesinnen und dabei die Welt an die hohen christlichen Werte erinnern, an den Wert des Lebens, der Freiheit und der Beständigkeit, wovon die meisten Politiker und deren Untertanen – und dies gerade in der westlichen Welt – oft nur noch wenig Ahnung haben. Eine Anbiederung an die moderne Welt und deren ideologische Moden ist ausgeschlossen.

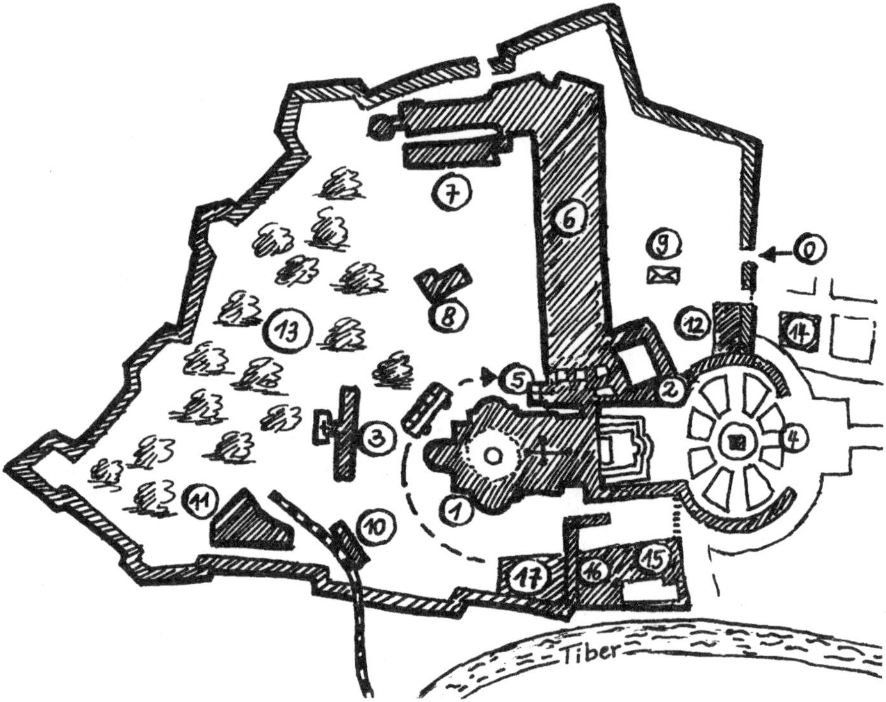

Der Vatikanstaat

ist ein selbstständiger Ministaat im großen Staat Italien, gelegen am rechten Ufer des Tiber. Durch die Porta Sant' Anna (0) gelangt man in sein Inneres. Mit rund 550 Staatsbürgern ist er der kleinste Staat der Welt überhaupt. In der heutigen Form und Größe existiert er seit 1929. Er umfasst nur das von einer Mauer begrenzte 0,44 Quadratkilometer große Gelände um den Petersdom (1).

Staatsoberhaupt ist der Papst in seinem Regierungssitz mit den päpstlichen Gemächern (2). Hier ist auch das Fenster, an dem sich der Papst immer wieder der Öffentlichkeit zeigt. Der Papst verfügt über alle Gewalten, über die gesetzgebende, die ausführende und die richterliche Gewalt. Ihm zur Seite steht die vatikanische Regierung mit dem Kardinalstaatssekretär an der Spitze. Sie ist im Regierungsgebäude (3) untergebracht.

Der Vatikanstaat verfügt unter anderen über folgende eigene Einrichtungen: den Petersdom (1), in dem unter dem Hauptaltar viele Päpste, so auch Johannes Paul II., bestattet sind. Auf dem Petersplatz (4) versammeln sich bei festlichen Anlässen Hunderttausende Gläubige. In der Sixtinischen Kapelle (5) mit Michelangelos genialem Werk „Das Jüngste Gericht" finden die geheimen Papstwahlen statt.

Im Vatikanstaat gibt es außerdem:

Wohngebäude und Regierungspaläste, ein Museum mit kostbaren Sammlungen (6), eine Pinakothek (7), eine Universität (8), eine Bibliothek (8), eine Bank, eine Post (9), einen Bahnhof (10), dessen Gleise nur 96,58 Meter lang sind und auf denen Züge Waren in den Vatikan bringen, einen Supermarkt (steuerfrei), eine Apotheke (steuerfrei), Souvenirstände für Touristen, eine eigene Zeitung, den „Osservatore Romano", den „Römischen Beobachter", eine eigene Radiostation, „Radio Vatikan" (11), eine eigene Miniarmee, „die Schweizer Garde" mit etwa 130 Soldaten (12), etwa 3000 Angestellte, einen großen Park, die vatikanischen Gärten (13).

Bürger des Vatikanstaates wird man nicht durch Geburt, sondern allein durch Bestimmung. Alle Einwohner leben hier nämlich zölibatär.

Frühere Wohnung Kardinal Ratzingers (14). Sitz der Glaubenskongregation, der frühere Amtssitz Kardinal Ratzingers (15). Gleich daneben ist der große Audienzsaal (16), in dem die Pilger dem Papst begegnen können. Und dahinter das Gästehaus Santa Martha (17), in dem die Kardinäle während der Papstwahl nächtigten. Sie gingen zu Fuß zur Sixtinischen Kapelle oder ließen sich vom Busdienst dorthin bringen.

Benedikt XVI. – Von Marktl in den Vatikan

Mit Osterwasser getauft

Es ist eine eiskalte Nacht, ein Schneesturm tobt, als am 16. April 1927 Joseph Aloisius Ratzinger in dem verträumten Ort Marktl am Inn als das jüngste von drei Kindern das Licht der Welt erblickt. Der am Karsamstag um 4.15 in aller Herrgottsfrüh geborene Bub wird vier Stunden später um 8.30 vom Kaplan Josef Stangl in der nahe gelegenen Dorfkirche St. Oswald als erster mit dem frisch geweihten Osterwasser getauft. Damals wurde noch am Karsamstag Vormittag die Osternacht gefeiert. Dies hielt Joseph Ratzinger immer für ein besonderes Segenszeichen, dass sein Leben von Anfang an in das Ostergeheimnis eingetaucht gewesen sei. Das habe ihn immer mit Dankbarkeit erfüllt.

Das Dorf Marktl liegt genau „zwischen Himmel und Hölle", wie die Süddeutsche Zeitung einmal schrieb, auf halber Strecke zwischen dem Marienwallfahrtsort Altötting und dem Geburtsort Adolf Hitlers, Braunau. Es ist ein kleiner, malerischer Marktflecken an einer Biegung des Flusses Inn, nicht weit von der Grenze Oberbayerns zu Österreich, aber auch knapp vor der Grenze zu Niederbayern. Er gehört zum Bistum Passau. Noch heute erinnert am Geburtshaus am Marktplatz 11 ein Schild an den Ehrenbürger.

Sein Vater war Polizist

Joseph wird in eine einfache Familie hineingeboren. Die Eltern Maria und Joseph sind nicht reich, aber auch nicht arm. Das bescheidene Leben ist von der Wirtschaftskrise und von Veränderungen des politischen Klimas geprägt. Der bei Josephs Geburt 50-jährige Vater ist ein schlecht bezahlter bayerischer Gendarm im Rang eines Kommandanten. Die Familie bewohnt über den Amtsräumen im ehemaligen Kurfürstlichen Maut- und Zollhaus von 1745, in dem in den 20er Jahren die Polizei untergebracht war, eine Dienstwohnung.

Am Geburtshaus in Marktl erinnert diese Tafel an den bedeutenden Ehrenbürger der Gemeinde. Statt „Kurienkardinal Dr. Joseph Ratzinger“ muss es nun „Papst Benedikt XVI.“ heißen.

Der Vater war, wie sich Joseph Ratzinger später erinnert, „ein sehr gerechter, aber auch sehr strenger Mann. Aber wir drei Kinder haben immer gespürt, daß er streng war aus Güte“. Von Anfang an verachtete er die Nationalsozialisten.

Die Mutter Maria, eine Bäckerstochter aus dem nahen Tirol, gleicht all das, was am Vater zu streng ist, „durch ihre Wärme und Herzlichkeit“ aus. Im Garten baut sie Gemüse an und weiß als exzellente Köchin bayerische Mehlspeisen zuzubereiten, die Joseph auch später als Kardinal noch bevorzugt. Nach der Pensionierung des Vaters arbeitet sie während der Saison als Köchin in Reit im Winkl.

Beide Eltern sind gläubige Katholiken und fromm, schließlich ist der Großonkel Georg Ratzinger Pfarrer und promovierter Theologe. Als Abgeordneter im Reichstag tritt er vehement gegen Kinderarbeit und für die Rechte der Bauern ein. Der regelmäßige Kirchgang und die christlichen Feiern im Jahreslauf prägen das Leben der Familie, die einen bodenständigen katholischen Glauben praktiziert. „Die gemeinsamen Wallfahrten mit meinen Eltern und Geschwistern an den Gnadenort (Altötting) gehören zu meinen frühesten und schönsten Erinnerungen“, versichert Joseph Ratzinger später.

Für seinen Bruder war er „der Kleine“

Älter als Joseph sind sein Bruder Georg und seine Schwester Maria. Für Georg ist er zeitlebens der Kleine, der deshalb von ihm auch behütet wird. Welch ein Schreck muss es gewesen sein, als der Joseph in ganz jungen Jahren um ein Haar in einem Karpfenteich ertrunken wäre. Das ganze Leben hindurch sind sich die beiden Brüder herzlich zugetan. Selbst als sich ihre Wege trennen, ändert sich daran nichts. Während Georg schon als Domkapellmeister die Regensburger Domspatzen leitet, besucht ihn Joseph, mittlerweile im Vatikan in Rom, regelmäßig in Regensburg. In diesen Wochen wohnt er im Vorort Pentling in seinem bescheidenen Wohnhaus oder bei seinem Bruder in dessen Regensburger Wohnung.

In gleicher Weise sorgt sich die Schwester Maria um Georg und Joseph. Sie muss der Mutter noch auf dem Sterbebett versprechen, dass sie sich um ihre beiden Brüder kümmert.

Viel auf Wanderschaft

Zwei Jahre nach Josephs Geburt wird der Vater 1929 in das an der Grenze zu Österreich gelegene Städtchen Tittmoning an der Salzach versetzt, das nach Ratzingers Aussagen zum „Traumland meiner Kindheit“ wird. Der nächste Einsatzort des Vaters ist 1932 Aschau am Inn, wo der kleine Joseph die Volksschule besucht und dem Pfarrer in der Dorfkirche bei Gottesdiensten als Messdiener zur Verfügung steht. Bereits damals verfasst er aus Freude am Schreiben kleine Natur- und Weihnachtsgedichte.

Nach Hitlers Machtergreifung ahnt der Vater den Krieg voraus und da es nach seiner Ansicht besser ist, in schweren Zeiten ein eigenes Haus mit Grund zu besitzen, erwirbt er im Dorf Hufschlag bei Traunstein für sich und seine Familie ein reparaturbedürftiges Bauernhaus. „Statt Wasser aus der Leitung“, so Joseph Ratzinger, „gab es hier einen Brunnen, was hochromantisch war. Auf der einen Seite des Hauses stand ein Eichenwald mit Buchen durchmischt, auf der anderen Seite waren die Berge. Und wenn wir morgens die Augen aufgemacht haben, konnten wir als erstes die Gipfel sehen.“

Später stellt Ratzinger fest, es wäre gar nicht so „leicht zu sagen, wo ich eigentlich zu Hause bin. Mein Vater wurde als Gendarm wiederholt versetzt, so dass wir viel auf Wanderschaft waren, bis wir 1937, als er mit sechzig Jahren in Pension ging, das Haus in Hufschlag bei Traunstein beziehen konnten, das dann unsere eigentliche Heimat geworden ist". Das Landleben dort begeistert die drei Kinder trotz der Einfachheit. „In den alten Scheunen konnte man die herrlichsten Träume erleben und wunderbar spielen", notierte Ratzinger später. „Die Zimmer waren von größter Einfachheit, und das Haus (1726 gebaut) war sehr reparaturanfällig, also es hat reingeregnet und so. Aber es war ein Kindheitstraum. Da haben wir uns ohne Komfort richtig glücklich gefühlt. Wir hatten eine knappe halbe Stunde zur Stadt zu gehen. Aber auch das war schön. Wir haben das Abenteuerliche, Freie und Schöne eines alten Hauses mit seiner inneren Wärme erlebt."

Traumberufe – Anstreicher und Kardinal

Georg Ratzinger trifft schon in jungen Jahren die Entscheidung, Domkapellmeister werden zu wollen, was er später auch tatsächlich wird. Seine Schwester Maria besucht die Mittelschule der Franziskanerinnen im Kloster Au am Inn. Später sollte sie ihrem jüngeren Bruder Joseph den Haushalt führen und Schreibarbeiten für ihn erledigen.

Für den jüngsten Ratzingerspross ist der Berufswunsch nicht so rasch klar. Beeindruckt von einem Maler, dem er bei der Arbeit zusehen darf, will Joseph zunächst Anstreicher werden. Als aber dann eines Tages – er war erst vier Jahre alt – der Münchner Kardinal Faulhaber in die Gegend kommt und im prächtigen Kardinalsgewand aus dem Auto steigt, ist er von der Ausstrahlung dieses Mannes derart verzaubert, dass er beschließt, Kardinal zu werden. Bereits damals schlüpfen Joseph und sein Bruder Georg zu Hause im Spiel auch immer wieder in die Priesterrolle und feiern an einem als Altar hergerichteten Tisch die heilige Messe. Ab 1937 geht der zehnjährige Joseph auf das humanistische Gymnasium in Traunstein und lernt Latein und Altgriechisch.

Internats-Folter

Vom Dorfpfarrer dazu gedrängt, lässt sich Joseph wie auch sein Bruder Georg in das katholische Knabenseminar St. Michael auf der Wartberghöhe in Traunstein aufnehmen. Es handelt sich dabei um eine Art Kaderschmiede für den Priesternachwuchs. Dort hält er sich mit kriegsbedingten Unterbrechungen von 1939 bis 1946 auf. Diese Zeit empfindet er aber als Folter, wie er später gesteht. Als Jüngster und klein von Gestalt ist der „Haki", wie er scherzhaft genannt wird, den etwa 60 Mitschülern kräftemäßig unterlegen, was sich vor allem beim täglichen zweistündigen Sport bemerkbar macht, dem er bald ablehnend gegenüber steht, zumal der Turnlehrer immer wieder jähzornig reagiert. Die Turnnoten verderben ihm jedes Einserzeugnis, in dem ihm sonst höchst lobenswertes „geistiges Streben" bescheinigt wird. Auch im Zeichnen sei er „nicht gerade eine Koryphäe" gewesen. Intelligenzmäßig aber ist er den anderen weit überlegen, was er jedoch nie hervor kehrt. Gleichwohl erregt er als Klassenprimus bald das Aufsehen nicht nur der Lehrer. Seine Lieblingsfächer sind Latein und Griechisch. In diesen Fächern lässt er gelegentlich auch seine Kameraden abschreiben.

Ratzinger bescheinigt sich später selbst eine „gewisse Tendenz zur Frechheit". Er könne sich zwar an keine konkreten Streiche erinnern, „aber mit Geschwätzigkeit, frechen Antworten und dergleichen habe ich die Lehrer manchmal schon etwas zur Wut bringen können. Entsprechend ist dann auch meine Note in Betragen gesunken". Besonders skeptisch steht er dem Oberstudiendirektor und dem Hausmeister gegenüber, die von den Nazis ihre Posten erhalten haben.

Zur Hitlerjugend gezwungen

Josephs Kindheit fällt in die dunkle Zeit des Dritten Reiches. Dennoch, so erinnert sich Ratzinger später, „selbst im ‚Dritten Reich' war man einfach katholisch und wollte nichts anderes sein. Nicht kritisch, nicht bigott, einfach katholisch, mit Anflügen von liberaler Lebensfreude". Das prägt ihn und bereits in seiner Jugend erfährt er mehrfach, dass der Glaube Flügel verleihen kann.

Sein Vater hat zwar eine bayerisch-patriotische Einstellung, aber mit den Nazis hadert er. Er bezieht die antinazistische Zeitschrift „Der gerade Weg“, übt aber als Polizist keine offene Opposition. Gleichwohl sehnt er sehnsüchtig den Tag seiner Pensionierung herbei, um der braunen Horde nicht mehr dienen zu müssen.

Um so bitterer ist es für Joseph Ratzinger, als er, zumal als Sohn eines Polizeibeamten, im Alter von 14 Jahren vom Traunsteiner Seminar nach reichsdeutschem Recht in die Hitlerjugend gemeldet wird. Wie alle Jugendlichen kann auch er sich diesem Vorgang nicht entziehen. Doch schon bald nimmt er an den HJ-Treffen nicht mehr teil, obwohl er in der Folge die bitter nötige Schulgeldermäßigung einbüßt. Zu seinem Glück kann er sich aber dem Druck dank eines anständigen Mathematiklehrers bald entziehen. „Als der Lehrer sah, dass ich einfach nicht mochte“, so Ratzinger später, „hat er gemeint: ‚Ich versteh dich, ich bring das in Ordnung‘, und so konnte ich davon frei bleiben.“

Obwohl andere Jugendverbände offiziell verboten sind, trifft er sich doch immer wieder mit Gleichgesinnten aus der Katholischen Jugend an geheimen Orten. Ausgesprochen unfair ist es, dass Joseph Ratzinger nach seiner Wahl zum Papst in böswilligen Pressekampagnen seine unfreiwillige Mitgliedschaft in der Hitlerjugend mehrfach zum Vorwurf gemacht wird.

Durch Freundschaft berührt

Ob Ratzinger in seiner Jugend auch mit Mädchen befreundet war, interessiert natürlich die Menschen ebenso wie bei seinem Vorgänger Papst Johannes Paul II. Von ihm weiß man, dass er mit 19 Jahren einmal sehr verliebt und später sogar mit einer Widerstandskämpferin verlobt war, die allerdings 1939 von den Nazis ermordet wurde.

Stellt man diesbezüglich Ratzinger die Frage, so äußert er sich sehr zurückhaltend: „Also, ich würde so sagen“, formuliert er diskret, „ein direktes Verlangen nach einer Familie, so weit sind meine Planungen nicht gediehen. Aber dass ich natürlich auch durch Freundschaft berührt worden bin, das ist klar …“.

Abwehr feindlicher Flieger

1943 wird der 16-Jährige, der sich selbst als „völlig unmilitärischen Menschen“ bezeichnet, zusammen mit den Mitschülern aus seiner Traunsteiner Internatsklasse als Flakhelfer eingezogen und in einer Zweigstelle der BMW-Werke nördlich von München bei Ludwigsfeld stationiert. Hier liegt eine Fabrik zur Produktion von Flugzeugmotoren. Ratzinger hat in der Messabteilung der Flak nahende feindliche Flugzeuge zu orten und die Messdaten an die Geschütze weiter zu geben. Einen Schuss muss er nach eigenen Aussagen allerdings nie abfeuern.

In dieser Zeit erhalten die Traunsteiner Seminaristen trotz des Kriegsdienstes einen reduzierten Unterricht durch Lehrer des Münchner Maximilians-Gymnasiums, wohin sie dreimal in der Woche fahren dürfen. Sie erleben hautnah, wie München langsam in Trümmern versinkt. Wechselnde Einsatzorte sind Unterföhring, Innsbruck und Gilching in der Nähe des Ammersees, wo es um den Schutz der Dornier-Werke geht. Hier arbeitet Ratzinger als Telefonvermittler. Ein verständnisvoller Unteroffizier ermöglicht den Jugendlichen einen relativ angenehmen Aufenthalt und beschert ihnen „paradoxerweise eine herrliche Zeit eines weithin unabhängigen Daseins“, wie Ratzinger in seinen Lebenserinnerungen notiert.

Panzersperren und Fahnenflucht

Im September 1944, in den letzten Kriegsmonaten, wird der schmächtige 17-Jährige aus der Flakstellung in den Reichsarbeitsdienst an die österreichisch-ungarische Grenze abkommandiert, wo mit Hilfe von Zwangsarbeitern noch ein „Südostwall“ installiert werden soll. Hier hat er Panzersperren zu errichten und beim Anlegen von Schützengräben zu helfen. „Eines Nachts“, so erinnerte sich Joseph Ratzinger, „wurden wir aus den Betten geholt und im Trainingsanzug, halb schlaftrunken, versammelt. Ein SS-Offizier ließ jeden Einzelnen vortreten und versuchte, unter Ausnutzung unserer Müdigkeit und durch die Bloßstellung eines jeden vor der versammelten Gruppe,

‚freiwillige Meldung' zur Waffen-SS zu erzwingen. Eine ganze Reihe von gutmütigen Kameraden ist so in diese verbrecherische Gruppe hineingepresst worden. Mit einigen anderen hatte ich das Glück, sagen zu können, dass ich die Absicht habe, katholischer Priester zu werden. Wir wurden mit Verhöhnungen und Beschimpfungen hinausgeschickt."

Im Gebet durchsteht er diese Monate des militärischen Drills und verkraftet so die sinnlosen Schikanen. Die heranrückende Front beendet das Lagerleben schließlich und er darf in die Wehrmachtskaserne nach Traunstein zurückkehren. Ende April 1945 desertiert er, was ihn in Lebensgefahr bringt. Wäre er aufgegriffen worden, hätte man ihn auf der Stelle erschossen. Zwei wohl auch am Endsieg zweifelnde Soldaten, denen er begegnet, lassen ihn wegen einer offensichtlichen Armverletzung zum Glück unbehelligt ziehen.

Zu schlechter Letzt gerät Ratzinger in amerikanische Kriegsgefangenschaft. Inmitten von 50.000 Mann kommt er über Bad Aibling nach Ulm, wo er im Freien liegt und sich mit Hungerrationen am Leben erhält. Am 19. Juni 1945 wird er entlassen und kehrt auf einem Traunsteiner Milchwagen erleichtert nach Hause zurück. Nazi-Terror, Krieg und Völkermord haben den jungen Mann geprägt. Nur der Glaube an Gott hat ihm nach eigenen Worten in dieser Zeit die Kraft gegeben, in der von Ideologie und Hass entstellten Welt am Leben zu bleiben.

Studium eines Bücherwurms

Dankbar, den Krieg überstanden zu haben, entschließt sich Joseph Ratzinger nach dem noch 1945 im Chiemgau-Gymnasium in Traunstein abgelegten Abitur, Priester zu werden. Er möchte „Christus in seiner Kirche dienen für eine neue, bessere Zeit; für ein besseres Deutschland, für eine bessere Welt". Ohne Schwierigkeiten absolviert er das Theologie- und Philosophiestudium im Priesterseminar zu Freising und am Herzoglichen Georgianum der Universität München, das zu dieser Zeit ein Ausweichquartier im königlichen Jagdschloss Fürstenried bei München, bezogen hatte. Schon damals strebt er eine wissenschaftliche Laufbahn an. Bei seinen Kommilitonen ist er beliebt, da er ihnen stets freundlich und hilfsbereit begegnet. Mit jedem kommt er rasch in ein gutes Gespräch. Allerdings trifft man den fleißigen Bücherwurm Ratzinger meist in der Bibliothek an, wo er sich unter anderem in die Werke von Gertrud von le Fort, von Ernst Wiechert, Dostojewski und Elisabeth Langgässer vertieft.

Theodor Steinbüchel, Martin Heidegger und Karl Jaspers schätzt er als umwälzende Denker. Darüber hinaus vertieft er sich in die Werke der Kirchenväter. So begeistert ihn der Scholastiker Johannes Bonaventura. Besonders aber beeindruckt ihn von Anfang an die Lehre des Heiligen Augustinus. Dieser strenge, systematische Theologe wird für ihn gleichsam zum Übervater. „Bei Augustinus“, so vermerkt er, „ist immer der leidenschaftliche, leidende, fragende Mensch direkt da, mit dem man sich identifizieren kann. ... Für immer gilt“, so Ratzingers Erkenntnis, „dass der Mensch nicht durch Geburt, sondern nur durch Bekehrung Christ werden kann.“

Mit nur 24 Jahren zum Priester geweiht

1951 werden Joseph und sein älterer Bruder Georg gemeinsam zu Priestern geweiht. In dem Augenblick, als ihm Kardinal Faulhaber die Hände auflegt, so erzählt Ratzinger später, „sei ein Vöglein, vielleicht eine Lerche, vom Hochaltar in den Dom aufgestiegen und trällerte ein kleines Jubellied ... Da war es mir wie ein Zuspruch von oben: Es ist gut so, du bist auf dem rechten Weg“. Die darauffolgenden Wochen erscheinen ihm „wie ein einziges Fest“. Gemeinsam mit seinem Bruder darf er den Primizsegen, wie der besondere Segen der Neupriester heißt, in die Umgebung tragen. „So habe ich unmittelbar erfahren“, so Ratzinger, „wie sehr die Menschen auf den Priester warten, wie sehr sie auf den Segen warten.“

Gleichwohl quälen ihn auch Zweifel. „Da ich eher schüchtern und recht unpraktisch war“, notiert er später, „da ich weder sportlich noch organisatorisch oder administrativ begabt war, musste ich mich fragen, ob ich den Zugang zu den Menschen finden würde – ob ich zum Beispiel als Kaplan imstande sein würde, katholische Jugend zu führen und zu inspirieren, ob ich zum Religionsunterricht für die Kleinen fähig sein würde, mit den Alten und Kranken umgehen könnte usw. Ich musste mich fragen, ob ich zu alledem ein Leben lang bereit sein würde und ob es wirklich meine Berufung sei." Trotz dieser Bedenken entscheidet er sich im Vertrauen auf Gott, diesen für ihn sicher nicht leichten Weg zu gehen.

Aushilfspriester und Kaplan

Die ersten seelsorgerischen Tätigkeiten als Aushilfspriester absolviert Ratzinger in der Pfarrei St. Martin in München-Moosach. Die Verpflichtungen nehmen den jungen, noch unerfahrenen Priester sehr in Anspruch. Hier erfährt er den Alltag eines Seelsorgers erstmals hautnah. Schüchtern sei er gewesen, so erinnern sich noch heute ältere Pfarrmitglieder. Gleichwohl fühlt er sich in dieser Pfarrei auch freundlich aufgenommen. Moosach bezeichnet er als „ein Traumdorf inmitten einer großen Stadt, durch das täglich Erntewagen rollen" und „jeden Tag, wenn ich meinen Fußweg vom alten Pfarrhaus zur Kirche mache, staune ich über die blühenden Gärten". Und noch eines habe er in Moosach gelernt, so Ratzinger, Beerdigungen zu halten. Denn damals gehört der Westfriedhof noch zur Pfarrei St. Martin. Dies bedeutet für ihn, nahezu täglich eine oder mehrere Beerdigungen zu leiten.

Schon kurze Zeit später wird er als Kaplan in die Pfarrei Heilig Blut in München-Bogenhausen versetzt. „Das Paket Aufgaben, das mir zugedacht war", so Ratzinger, „war gewaltig." Jetzt hatte er neben der allmorgendlichen Messfeier jeden Sonntag sogar zwei Messen und zwei Predigten zu halten, dazu mehrstündiges Beichtstuhlsitzen, Hochzeiten, Taufen, „mehrere Beerdigungen in den verschiedenen Friedhöfen der Stadt ... sechzehn Religionsstunden in fünf verschiedenen Klassen" und zeitaufwändige Jugendarbeit.

Von der Kanzel an den Katheder

1953 promoviert Ratzinger mit der Arbeit „Volk und Haus Gottes in Augustins Lehre" an der Universität München zum Doktor der Theologie. Es wird ihm eine Stelle als Dozent am Freisinger Priesterseminar angeboten und Ratzinger zieht es an den Katheder. Die theologischen Wissenschaften packen ihn. Obwohl er die Pfarrseelsorge, den unmittelbaren Umgang mit den Gläubigen vermisst, gibt er seine Gedanken gerne an werdende Priester und Theologiestudenten weiter. Bis 1954 lehrt er als Dozent im Erzbischöflichen Klerikalseminar Freising und von 1954–1957 als Lehrer für Dogmatik und Fundamentaltheologie an der Philosophisch-Theologischen Hochschule Freising. Was schon damals an ihm beeindruckt, sind seine einfache ländliche Frömmigkeit gepaart mit einer herausragenden intellektuellen Genialität.

1957 habilitiert der 30-Jährige an der Universität München im Fach Fundamentaltheologie mit einer Untersuchung über Bonaventura. Die Habilitationsschrift „Die Geschichtstheologie des heiligen Bonaventura" gerät zunächst zu einer regelrechten Zitterpartie. Sie wird zu seinem Entsetzen als zu modernistisch, als zu kritisch zurückgewiesen. „Eine Welt drohte für mich zusammenzubrechen", erinnert sich Ratzinger später. In nur 14 Tagen schreibt er die Arbeit um, worauf sie angenommen wird. Es dauert nicht lange und der junge Doktor der Theologie wird zu einem der jüngsten Professoren Deutschlands. Von nun an steht ihm seine Schwester Maria als unentbehrliche häusliche Stütze sowie als Schreibkraft immer zur Seite. Bis zu ihrem Tod hat er zu ihr, ähnlich wie zu seinem Bruder Georg, eine enge geschwisterliche Verbindung.

Studenten schätzen den Professor

Rasch macht sich Ratzinger nun als Professor für Dogmatik und Fundamentaltheologie einen guten Namen, zuerst an der Freisinger Philosophisch-Theologischen Hochschule, wo er als außerordentlicher Professor wirkt. 1959 wird er an der Universität Bonn zum ordentlichen Professor und Ordinarius ernannt. Das erste Semester bleibt Ratzinger „wie ein Fest der Liebe in großartiger Erinnerung“, da die Studenten auf seine Vorträge äußerst positiv reagieren.

Während eines Besuchs im August 1959 in Traunstein bricht Ratzingers Vater bei einem Spaziergang zusammen. Er erleidet einen schweren Schlaganfall und stirbt zwei Tage später. Ratzinger ist vom Tod dieses Mannes tief betroffen, dessen schlichte Frömmigkeit und dessen disziplinierte Lebensführung ihm immer ein Vorbild war. „Als ich nach diesem Erleben nach Bonn zurückkehrte“, so Ratzinger, „spürte ich, dass die Welt für mich ein Stück leerer geworden war und dass ein Teil meines Zuhauses in die andere Welt verlegt war.“

Die vier Jahre in der damaligen Bundeshauptstadt Bonn, wo Ratzinger bis 1963 an der Universität Fundamentaltheologie unterrichtet, werden besonders prägend für den jungen Professor. In Bad Godesberg bewohnt er zusammen mit seiner Schwester ein schmuckloses Mehrfamilienhaus für Landesbedienstete. Hier am Rhein schreibt er auch sein heute immer noch zitiertes Werk „Einführung in das Christentum“.

1963 wechselt Ratzinger an die Universität Münster. In diesem Jahr stirbt seine Mutter an Magenkrebs, „aber das Leuchten ihrer Güte“, so betont Ratzinger, „ist geblieben und für mich immer mehr zur Verifizierung des Glaubens geworden, von dem sie sich hatte formen lassen“.

In Münster wirkt Ratzinger bis 1966. Als gefeierter Reformer und in Rom gehörter Konzilstheologe füllt er die größten Hörsäle. Sogar viele Studierende anderer Fakultäten gesellen sich unter die Hörer des forschen Querdenkers und herausragenden liberalen Theologen, der gegen kirchliche Verkrustungen ankämpft. Die Studenten sind von dem mitreißenden Redetalent des Gelehrten und seinen modernen Theorien fasziniert. Mitschriften seiner Vorlesungen finden reißenden Absatz.

Als „Teenager-Theologe" beim Zweiten Vatikanum

Als Joseph Ratzinger für den greisen und halbblinden Kölner Kardinal-Erzbischof Frings eine Rede schreibt, in der er die „zu straffen Zügel und zu vielen Gesetze der Kirche" kritisiert, wird Frings zu Johannes XXIII. nach Rom zitiert und vom Papst, nein, nicht getadelt dafür, sondern für die frischen Gedanken gelobt. Es verwundert nicht, dass der junge Theologieprofessor in der Folge Kardinal Frings, in dem er seinen Förderer findet, als „Peritus", das heißt als persönlicher „Berater" und „Redenschreiber", zum Zweiten Vatikanischen Konzil (1962 bis 1965) begleiten darf.

Zu diesem Ereignis versammeln sich 3000 Bischöfe, um sich um eine Erneuerung der Kirche zu bemühen. Ratzinger, den mit Frings „ein unkompliziertes, ja, herzliches Einvernehmen" verbindet, und sein Altersgenosse, der Theologe Hans Küng, der später dann von ihm abweichende Ansichten vertritt, gelten als Brückenbauer zwischen Progressiv und Konservativ und tragen nach anfänglicher Aufregung zur Beruhigung auseinander driftender Meinungen bei. Wegen ihrer Jugend und ihrer ungewöhnlichen Ansichten werden sie als „Teenager-Theologen" bespöttelt und mancher der Konzilsteilnehmer stellt verwundert die Frage, ob jetzt schon theologische Greenhorns mitreden dürfen.

Gleichwohl steigt Ratzinger im Verlauf des Konzils sogar zum offiziellen Konzilstheologen auf. Unter dem Schlagwort „aggiornamento" – „in das Heute bringen" erweist er sich als Anhänger einer Öffnung der Kirche. Nicht zuletzt auf Grund seiner Impulse nehmen Reformkräfte die Gestaltung des Konzils den erzkonservativen Kurialen aus den Händen, so dass angestrebten Erneuerungen in der Kirche nichts mehr im Wege steht. Dies betrifft auch die Reform der Verfahrensordnung im damaligen Heiligen Offizium. Nach einer von Ratzinger vorformulierten und von Kardinal Frings vorgetragenen Rede wird die 400 Jahre alte römische Inquisition beendet und in die gemäßigtere „Kongregation für Glaubenslehre" überführt, in eben jenes vatikanische Glaubensministerium, zu dessen Leitung nur 16 Jahre später Ratzinger selbst vom Papst berufen werden sollte.

Die Kirche als das „Volk Gottes"

Ratzinger bringt beim Konzil auch den Begriff der Kirche als „Volk Gottes" ins Spiel, was zur Folge hat, dass eine Diskussion entbrennt, wie man die Selbstständigkeit der Bischöfe und der Ortskirchen sowie die Arbeit der Laien in der Kirche aufwerten könne. Auch Überlegungen bezüglich einer mutigeren ökumenischen Öffnung werden geäußert.

Ratzingers Ideen klingen in seinem 1968 erschienenen Buch „Einführung in das Christentum" nach, in dem der Autor beklagt, dass die Kirche zu zentralistisch und zu sehr von Rom kontrolliert sei. Nach seiner damaligen Ansicht gehört es zu den moralischen Pflichten jedes Papstes, vor einer Entscheidung die Stimme der Kirche allumfassend zu hören. Mit dem Wort „Katholisch" sei schließlich die bischöfliche Struktur der Kirche ausgedrückt. Damit stellt der junge Ratzinger allerdings den „Primat" des Papstes in Frage.

In der Folge werden denn auch zunehmend Forderungen nach einer demokratischen Gestaltung der Kirche laut. Entscheidungen der Kirche seien künftig von unten her nach dem Mehrheitsprinzip und nicht mehr von oben her, von dem von Gott eingesetzten Stellvertreter Christi auf Erden, dem Papst, und seinen Bischöfen zu treffen. Solche Entscheidungen aber führen, wie Ratzinger später beunruhigt erkennt, letztlich zur „Gotteskrise", da kirchliche Lehrmeinung auf der Grundlage von Gottes Wort künftig der mehrheitlichen Meinung des Kirchenvolkes zu weichen drohe. Er habe hingegen mit seinen Überlegungen zum Begriff „Volk Gottes" lediglich das Wirken Gottes in seinem Volk und durch jeden einzelnen Menschen herausstellen wollen, ohne die zentrale Rolle Gottes und seiner Vertreter auf Erden in Frage stellen zu wollen.

In späteren Auflagen lässt Ratzinger deshalb diese allem Anschein nach missverständlichen Sätze aus seinem Buch streichen, was bei Kritikern zu der lakonischen Bemerkung führt, dass man bei ihm wie bei dem Philosophen Ludwig Wittgenstein von einem frühen und einem späten Ratzinger sprechen müsse. Nur so könne man seine Widersprüche begreifen. Boshafte Spötter fragen sich sogar, ob nicht Ratzingers frühe Bücher auf den „Index Librorum Prohibitorum", also auf die „Liste der von Rom verbotenen Bücher" gehörten. Doch Ratzingers Entscheidung weist auf seine geistige Flexibilität hin, aus der heraus er sich nicht scheut, einmal geäußerte Aussagen immer wieder zu hinterfragen, sie an der Umsetzung in der Realität zu prüfen und sie bei Bedarf schonungslos zu korrigieren und neu zu formulieren.

Von der 68er-Generation niedergeschrieen

Von Münster geht es für Ratzinger 1966 weiter nach Tübingen, wo er einen Lehrstuhl für Dogmatik an der katholisch-theologischen Fakultät der Eberhard-Karls-Universität erhält. Hier bleibt er bis 1969. Während sein Kollege Hans Küng zu den Vorlesungen im Alfa Romeo vorfährt, strampelt der junge Geistliche auf dem Fahrrad zu den Vorlesungen.

1967 muss Ratzinger bei einem Fakultätsfest ein Bierfass anzapfen. „Von dem Fass bekommen wir nur die Hälfte", witzeln die Kollegen. Umso größer ist das Erstaunen, als der so Gefrotzelte das Fass mit nur zwei gezielten Schlägen anzapft. „Kein Wunder, er ist ja Bayer", heißt es nach gelungener Aktion.

Aber statt heiterer Geselligkeit wird Ratzinger hier schon bald auf eine harte Probe gestellt. Ende der sechziger Jahre wird er mit den Unruhen der Studentenbewegung konfrontiert. Er wird zur Zielscheibe der Rebellen. Es fliegen Tomaten und auch ihn schreit man bei seinen Vorlesungen nieder. Das Aufbegehren empfindet er als Terror und ist davon außerordentlich irritiert. Vor allem aber erschüttert ihn die Tatsache, dass die Studenten der 68er-Generation von freier Liebe und Autonomie träumen und fortwährend respektloser mit Religion, Christentum und Kirche umgehen. Ihn entsetzt „die blasphemische Art, in der nun das Kreuz als Sadomasochismus verhöhnt" wird. „Ich habe das grausame Antlitz dieser atheistischen Frömmigkeit unverhüllt gesehen, den Psychoterror, die Hemmungslosigkeit", klagt er.

Der Erosionsprozess in der katholischen Weltkirche, die Auflösungstendenzen zeigt, scheint in seinen Augen eingeleitet und das christliche Abendland allmählich aus den Fugen zu geraten. Kennzeichen dafür sind fortschreitender Liberalismus, sich fortwährend mehr ausprägender Individualismus, Hinwendung zum Materialismus, Ausbreitung unheilvollen Sektierertums und in der Folge Entmachtung päpstlicher Autorität. Er erlebt Ermüdung im Glauben, Zunahme von Kirchenaustritten und Rückgang von Priesterberufungen. Er befürchtet, Befreiungstheologen, Marxisten und die Frankfurter Schule würden der katholischen Kirche das Wasser abgraben.

Ratzinger macht sich selbst Vorwürfe, dass er mit seiner „liberalen“ Linie am „Dammbruch der Ordnung“ mitschuldig sei. „In diesen Jahren“, so Ratzinger, „lernte ich, wann eine Diskussion aufhören musste, weil sie sich in eine Lüge wandelte, und Widerstand einsetzen muss, um die Freiheit zu erhalten.“

Refugium in der Oberpfalz

Auf dem Höhepunkt der von Unruhen geprägten 68er Zeit zieht er sich in die Oberpfalz, ins ruhigere Regensburg an die Uni zurück, im Vergleich zu Tübingen eine „Insel der Seeligen“, wo er als angesehener Theologe herzlich aufgenommen wird. Von 1969–1977 ist er dort Ordinarius für Dogmatik und Dogmengeschichte und von 1976–1977 Vizepräsident der Hochschule. Er baut sich ganz in der Nähe der Hochschule, in Pentling in der Bergstraße 6, ein eigenes schlichtes Haus, in das er gemeinsam mit seiner Schwester Maria, die ihm den Haushalt führt, einzieht, und er fühlt sich nun in dieser Region immer mehr heimisch.

In dieser Zeit vollzieht sich der Wandel und Joseph Ratzinger wird sukzessive vom Reformer zum nachdenklichen Konservativen oder wie Kritiker es formulieren, zum „konservativen Hardliner“. Er jedoch möchte nur seinen Beitrag leisten, die Ordnung wieder herzustellen. Deshalb entscheidet er sich, den unpopulären Kampf gegen Unruhestifter und bedrohliche Häretiker aufzunehmen. Da eröffnen sich für ihn neue aufregende Perspektiven.

Erzbischof und Kardinal

1976 wird Ratzinger wegen seiner besonderen Verdienste um die Kirche der Titel eines Päpstlichen Ehrenprälaten verliehen und schon 1977 wird der 50-Jährige zum Nachfolger des verstorbenen Kardinals Julius Döpfner als Erzbischof von München und Freising berufen. Es ist Papst Paul VI., der dies tut, nachdem er Ratzingers Buch „Einführung in das Christentum" gelesen hat, in dem auch folgende Zeilen zu finden sind: „Die Frage, was eigentlich Inhalt und Sinn christlichen Glaubens sei, ist heute von einem Nebel der Ungewissheit umgeben wie kaum irgendwann zuvor in der Geschichte." Diesen Nebel aufzulösen, will sich Ratzinger in seinem neuen Amt ernsthaft bemühen, obwohl er zunächst wegen der „Grenzen meiner Gesundheit" dieses Amt gar nicht annehmen möchte.

Aber ihn schmerzen weiterhin die Ermüdung des Glaubens, die zunehmenden Kirchenaustritte und der Rückgang der Priesterberufungen. In seinen Predigten wettert er gegen die „Entfesselung von Gewalt, die Barbarisierung des Menschen, die um den ganzen Erdkreis geht", gegen „geistige Umweltverschmutzung, die sich in der wachsenden Zahl verhaltensgestörter Kinder auswirkt", gegen die „Herzverfettung des Habens und Genießens", und gegen die „kapitalistische Profitgier". Er setzt sich für Kambodscha ein, ein langsam erlöschendes Volk, und für die Aufnahme von Vietnam-Flüchtlingen durch reiche Länder. Er will keiner jener Hirten sein, „die wie stumme Hunde sind und, um Konflikte zu vermeiden, das Gift sich ausbreiten lassen". Seine Strenge aber verschreckt manche Gläubigen, vor allem jene, die sich einen freundlichen, gütigen, alles gelassen hinnehmenden Geistlichen erwartet haben. Selbst in den Reihen des Klerus wird er bisweilen als unbequemer Bischof empfunden, sodass die Münchner Jahre für ihn nicht zur ungetrübten Freude werden. Gleichwohl sind seine feierlichen Gottesdienste und seine wortgewaltigen Predigten bald in aller Munde und ziehen viele Gläubigen in den Dom.

Nur vier Wochen nach seiner Wahl zum Erzbischof wird Ratzinger in den Kardinalsstand erhoben. Seiner Heimat Bayern bleibt er aber in dieser Funktion nicht mehr lange erhalten. Bereits vier Jahre später wird nämlich Papst Johannes Paul II. auf ihn aufmerksam.

Der Ruf nach Rom – „Ich bleibe Bayer, wo immer ich auch bin!“

Im November 1981 ereignet sich für Ratzinger dann der ganz große Karrieresprung. Papst Johannes Paul II. beruft ihn aus Deutschland nach Rom. Der Kardinal zögert, dies auch deshalb, weil er fürchtet, keine Bücher mehr schreiben zu können. Erst als ihm versichert wird, dass das Schreiben von Büchern durchaus mit seinem neuen Amt vereinbar sei, folgt er dem Ruf und nimmt als Präfekt die Leitung der Glaubenskongregation an.

„München ist wichtig“, so meint Papst Johannes Paul II. damals, aber: „Die Weltkirche ist wichtiger.“ Der Heilige Vater ist also der Ansicht, dass die Weltkirche Ratzingers theologischen Kopf und dessen geistesscharfe Analysen gesellschaftlicher Entwicklungen nötiger braucht als das Erzbistum München-Freising den Seelenhirten.

Zur Abschiedsfeier verfassen die bayerischen Autoren Helmut Zöpfl und Oskar Weber einen in bayerischer Mundart gereimten Dialog, den ein Mädchen und ein Bub vorgetragen und der Ratzinger sehr amüsiert haben soll. Hier der Wortlaut:

Bub: Jetzt is' allmählich doch so weit
und sie is da de Abschiedszeit.

Mädchen: 's Pfüa-Gott-Sagn is halt nia net schee
und duad dann umso mehra weh,
je mehra, daß ma se halt grad
von ganzem Herzn gern ghabt hat.

Bub: Beim Abschied schaugt ma meistens zrück
und spannt dann bsonders, welches Glück,
daß mia mit dir in unserm Land
ghabt ham, mia alle mitanand.

Mädchen: Deswegn sagn mia dir für de Zeit,
wost bei uns warst, „Vergelts Gott“ heut.
So muaßt halt jetzt as Bündl schnalln.

Bub: Bestimmt werds dir in Rom aa gfalln.
Du gehst ja net in d' Fremdn naus,
in *der* Stadt kennst di ja scho aus.

Mädchen: Des schöne Rom duad jeder lobn.

Bub: Zletzt gfallts dir mehr no wia herobn.
Siebn Hügel hast dort vor der Tür.

Mädchen: Mia habn an Nockherberg dafür,
dort schenkatns bald s' Starkbier ein.

Bub: Und drunt kriagst an Frascati-Wein,
dazua Spaghetti, Cannelloni.

Mädchen: Aa unsre Weißwürst san net ohne.

Bub: Gehst z' Rom spaziern dann zur Verdauung,
siehgst Kunst, wost hischaugst, zur Erbauung:
De Engelsburg und s' Colosseum.

Mädchen: Maxburg und Maximilianeum
habn mia dafür, wenn des nix is.

Bub: As Capitol, d' Akropolis.

Mädchen: D' Akropolis, mei liaba Bua,
de is doch in Athen, geh zua.

Bub: De Katakomben ganz weit unt.

Mädchen: Mia ham an Stachusuntergrund.
Und statt der Schweizer Garde z' Rom
ham Schwarze Sheriffs mia herobn.

Bub: De schönstn Buider ebenso,
Da Vinci, Michelangelo
drunt im Museum findst des ois.

Mädchen: Und mia, mia habn dafür an Beuys.

Bub: De Opera spuit dort Rossini,
Bellini, Verdi und Puccini.
De „Musici" Triumphe feiern.

Mädchen: In München spuit der FC Bayern,
feiert mitm Breitner, Rummenigge
gega den Rest der Welt de Siege.
Ma siehgt, was Schöns duads z' München gebn.

Bub:	Aber aa z' Rom, da laßt ses lebn.
Mädchen:	Doch wenns dir druntn no so gfallt, Vergiß uns net und bsuach uns bald.
Bub:	Wennst manchmal kimmst von Zeit zu Zeit, da machatst uns de höchste Freud.
Mädchen:	Sag unserm Papst, wenns geht, an Gruaß und daß er wieder komma muaß.
Bub und Mädchen:	Pfüa Gott und alles Guate halt Arrivederci und bis bald!

Beim Abschied von München verspricht Ratzinger: „Ich bleibe Bayer, wo immer ich auch bin." Dann zieht er in den altehrwürdigen Palast des Heiligen Offiziums in Rom ein, wobei er sich von Anfang an bewusst ist, sich damit auf einen höchst „ungemütlichen Platz" gesetzt zu haben. Ein Stab von 40 Mitarbeitern unterstützt ihn bei seiner höchst diffizilen Arbeit.

Nun stehen sich zwei unterschiedliche Persönlichkeiten gegenüber. Zum einen die mitreißende Kraftnatur von Johannes Paul II. mit charismatischer, die Massen faszinierender Ausstrahlung, dessen wohltönende Stimme überall Sympathie erweckt, zum anderen der kleine, zurückhaltende, fast schüchtern wirkende, aber gelehrte genialische Querkopf aus Bayern, der stets auf Distanz geht, dessen durchdringende Augen jeden prüfend mustern, ein Mann der eher leisen Töne, dessen dünne Stimme nur dann schneidende Schärfe anzunehmen pflegt, wenn es um brisante Grundsatzfragen geht. Und doch kommt es zwischen diesen beiden gegensätzlichen Charakteren zu einer harmonischen, ja herzlichen und zuletzt sogar freundschaftlichen Beziehung.

Während Papst Johannes Paul II. in seiner Amtszeit auf 104 Auslandsreisen 129 Länder besucht, widmet sich sein Paladin, still und zurückgezogen, der umfangreichen Arbeit im Vatikan. Lediglich auf den drei Deutschlandreisen begleitet er den Heiligen Vater. Ratzingers Verhältnis zu Johannes Paul II. ist bald derart positiv, dass man von einem geheimen „Doppelpontifikat" spricht.

Im Zentrum kirchlicher Macht

Das neue Amt ist dem kühlen und strengen Denker Ratzinger auf den Leib geschrieben. Er hat nun die zentrale Position im vatikanischen Machtgefüge inne. Seine vorrangige Aufgabe in dieser Funktion ist es, die Einheit des Glaubens zu wahren. „Nicht alle Nachrichten, die aus Rom kommen, werden angenehm sein“, kündigt Ratzinger denn auch bei seiner Berufung 1981 an. Als Vertreter des dogmatischen, konservativen Flügels der katholischen Kirche macht er sich in der Folge nicht nur Freunde. Er prägt die katholische Milliardengemeinschaft nach zwei Devisen:

1. *Die von Gott gewollte und vom Heiligen Geist geführte Kirche darf in ihren Grundstrukturen nicht verändert werden. Sie soll im Wesentlichen so bleiben, wie sie ist.*
2. *Die Menschen tun gut daran, nicht so zu werden wie die moderne Gesellschaft.*

Ratzinger warnt vor geistigen Modeströmungen, die nicht nur von erstaunlicher Kurzlebigkeit zu sein pflegen, sondern auch dem altehrwürdigen Katholizismus, sofern er da und dort darauf herein fiel, nachweislich nicht genutzt hätten.

Rasch wird „der Vollstrecker Roms“, wie man ihn nun nennt, zum weltweit bekanntesten Kardinal und neben dem Papst zum mächtigsten Mann im Vatikan. Nicht selten tritt er als dessen Stellvertreter auf. In der Öffentlichkeit wirkt er meist unnahbar. Sein forschender, durchdringender Blick lässt ihn ernst erscheinen, wenn auch nicht unfreundlich. Keinem gelingt es, ihm unbedachte Äußerungen zu entlocken. Er sei ein „Wächter des Glaubens, von Wojtyla ausgewählt“, so heißt es. „Seine Qualität besteht darin, nein zu sagen“, weshalb man ihn schon bald „Cardinale No“ tituliert. Seine intelligent formulierten theologischen Argumente und messerscharf pointierten kirchenpolitischen Analysen sind bald schon sprichwörtlich. Mit geradezu betörender Gelassenheit besteht er auch die unangenehmsten Auseinandersetzungen mit Andersdenkenden.

23 Jahre sollte Ratzinger nun dieses Amt inne haben. In all den

Jahren tut er seine Pflicht, ohne jemals nach Beifall von welcher Seite auch immer zu schielen und ohne sich um das Missfallen zu kümmern, das er selbst bei engagierten Katholiken nicht selten auslöst.

Wächter über die Kirchendoktrin

Bereits nach kurzer Zeit werden Papst Johannes Paul und die neue Galionsfigur der Institution Kirche, Kardinal Ratzinger, als konservative Kirchenmänner kritisiert, die in allen Glaubensfragen auf einer Wellenlänge lägen. Der Papst ist zwar der Chef, aber Ratzinger sein wichtigster Vordenker, der es nicht als seine vorrangige Aufgabe sieht, die vielfältigen Wünsche der Gläubigen zu erfüllen, die nach seiner und des Papstes Ansicht vielfach nicht mit der Lehre der Kirche vereinbar sind. „Dürfen wir", so fragt Ratzinger, „unsere eigene Logik immer gleich Gott aufdrängen und ihn auf unsere Programme verpflichten?" Und so kommen aus Rom klare Stellungnahmen von Papst Johannes Paul II. und seiner rechten Hand, von Joseph Kardinal Ratzinger.

– *Beide halten an der Unfehlbarkeit des Papstes in Glaubens- und Sittenfragen fest.*
– *Beide heißen zwar Bemühungen um die Ökumene gut, betonen aber den Vorrang der katholischen Kirche vor anderen Kirchen und lehnen gemeinsame Eucharistiefeiern ab.*
– *Beide bevorzugen die alte lateinisch-römische Form der Messfeier vor der volkssprachlichen Form, die durch das Zweite Vatikanische Konzil erlaubt wurde.*
– *Beide können sich mit der Befreiungstheologie in Lateinamerika nicht anfreunden, da sie sich mit ihrem Einsatz für mehr soziale Gerechtigkeit riskant an marxistische Theorien annähere. Sie entziehen dem Theologen Leonardo Boff, der verkündet, die Kirche sei „als Institution nicht im Denken des historischen Jesus enthalten" gewesen, die priesterliche Amtsgewalt.*
– *Beide gehen gegen Theologen vor, die sich nicht an die streng offizielle Lehre der Kirche halten. Sie betonen den Vorrang des römi-*

schen Lehramts vor der Freiheit der Theologie. Scharfe Kritiker der Amtskirche werden mit Bußschweigen belegt. Gegebenenfalls bestraft man sie mit Ämterverlust, entzieht ihnen die kirchliche universitäre Lehrerlaubnis oder droht ihnen mit Exkommunikation, also mit Ausschluss aus der Kirchengemeinschaft.

- *Beide sind gegenüber dem Freiheitsdenken der Moderne sehr skeptisch und warnen vor einem Abgleiten in einen zügellosen Liberalismus. Beide schwingen das Schwert des Glaubens gegen die westliche Spaßgesellschaft.*
- *Beide verteidigen den Zölibat, also die Ehelosigkeit der Priester.*
- *Beide lassen es nicht zu, dass Frauen Priester werden.*
- *Beide verurteilen die künstliche Geburtenregelung. Sie lehnen die Benutzung von Kondomen ab und fordern Enthaltsamkeit. Sexualität sei zwar nicht „mit dem Etikett Sünde abzutun, sondern zunächst einmal eine Gottesgabe". Sie habe aber vorrangig der Fortpflanzung zu dienen und nicht der Lust.*
- *Beide nennen Schwangerschaftsabbruch Mord. Deshalb dürfe kirchliche Schwangeren-Konfliktberatung keine Erlaubnisscheine für eine Abtreibung ausstellen. Die deutschen Bischöfe argumentierten vergeblich, durch die Beratungen mehr Frauen von Abtreibungen abhalten zu können.*
- *Beide verwehren wieder verheirateten Geschiedenen – und seien sie auch unschuldig geschieden – den Zugang zu den Sakramenten, insbesondere die Teilnahme an der Kommunion, da eine kirchlich vollzogene Heirat nicht aufgelöst werden dürfe. Was Gott verbunden hat, darf der Mensch nicht trennen. Die Ehe ist eine Passion auf Lebenszeit, ein Leidensweg, der bis zum Tod gegangen werden muss.*
- *Beide betrachten Homosexualität als Sünde und lassen deshalb auch Homo-Ehen nicht zu.*
- *Beide erklären immer wieder, dass Auffassungen, die der kirchlichen Lehre widersprechen, nicht nur lässliche Sünden seien, sondern schwerwiegende Verstöße, die das Fundament der Kirche erschüttern und die deshalb von der katholischen Kirche nicht akzeptiert werden können.*

Noch zu etlichen anderen Fragen und Bereichen des Glaubens verdeutlicht Ratzingers Glaubenskongregation unmissverständlich, was die Position der Kirche ist und wo die Grenzen liegen. Demokratische Kriterien, so betont er immer wieder, seien nicht ohne weiteres auf Glaubens- und Kirchenfragen anwendbar. Und so heißt es immer wieder: „Roma locuta, causa finita" – „Rom hat gesprochen, die Sache ist beendet".

Tag für Tag

Jeden Tag sieht man den Kardinal frühmorgens zu Fuß zu seinem Arbeitsplatz über den Petersplatz eilen, obwohl ihm ein Dienst-Mercedes zur Verfügung steht. Seine Wohnung befindet sich nämlich nicht, wie sonst üblich, in dem Gebäude, in dem auch das Büro des Palazzo Santo Ufficio liegt, sondern auf der anderen Seite des Petersplatzes. Dorthin geht er raschen Schrittes, die unvermeidliche Baskenmütze auf dem Kopf und die abgewetzte schwarze Aktentasche in der Hand. Er weigert sich, dass ihm ein Untergebener die darin enthaltenen Unterlagen nachträgt.

Um 13.20 Uhr begibt er sich zurück in seine bescheidene Wohnung an der belebten Piazza della Città Leonina, Hausnummer 1. Sie ist mit Möbeln aus zweiter Hand möbliert und nicht so komfortabel ausgestattet, wie dies seiner Position normalerweise entspricht. Bekommt Ratzinger Besuch, widmet er sich dem Gast freundlich und ohne Hast. So erinnert sich der Elektriker Angelo Mosca, wie er einmal in die Wohnung des Kardinals gerufen worden sei, um etwas zu reparieren. Der Kardinal habe sich mit ihm ganz entspannt unterhalten, „so, als wären wir alte Freunde". Und dabei sei im Nu eine Stunde verflogen.

Nachmittags spaziert Ratzinger gelegentlich durch die in der Nähe seiner Wohnung gelegenen Straßen und bleibt auch hin und wieder stehen, etwa um die Ladenbesitzer am Borgo Pio zu begrüßen. Mario, ein Obstverkäufer, erinnert sich, wie ihn der Kardinal einmal gefragt habe, welche Äpfel denn am besten für einen Strudel geeignet seien.

Ratzinger arbeitet hart, in der Regel mehr als zwölf Stunden am Tag. Nur so könne er alle anstehenden wichtigen Dinge zügig erledigen. Jeden Freitag bespricht er sich – oft auch in deutscher Sprache – mit dem Kirchenoberhaupt, als dessen rechte Hand man ihn bezeichnet und von dem er neckisch als „Bruder Joseph“ angesprochen wird. Das oberste Urteil im Vatikan zeigt zwar immer unverkennbar die Handschrift des Deutschen, aber Papst Johannes Paul II. trägt alle Entscheidungen seines Chefdenkers mit.

Nicht nur in Deutschland hat Ratzinger schon bald ein negatives Image. Man tituliert ihn als „kompromisslosen Hardliner“, als „Wachhund“ oder „Hammer Gottes“, als „Großinquisitor“ oder gar als „Maschinengewehr des Himmels“ und als „Zuchtmeister kritischer Theologen“. Dabei betet ein Journalist dem anderen diese Titel nach. Man stempelt ihn gleichsam zur Inkarnation des Bösen, während Johannes Paul II. als sympathische Gestalt immer populärer wird. Es sei Ratzinger, so die öffentliche Meinung, der als Verfechter des Dogmatismus (Bewahrung der Lehre) und des Konservativismus (Bewahrung des Althergebrachten) sozusagen im Alleingang all jenen mit unnachsichtiger Strenge begegne, die gegen die Lehrmeinung der Kirche auftreten.

Karriere in Rom – „Chefdenker“ im Vatikan

In Rom steigt Joseph Ratzinger die Karriereleiter weiter hinauf. 1982 wird er zum Kurienkardinal ernannt, 1992 zum Kardinalbischof und 2002 folgt die Wahl zum Dekan des Kardinalskollegiums. In dieser Funktion leitet er dann auch das Konklave zur Papstwahl, aus dem er schließlich als der neue Papst hervorgeht.

Ein Theologe im Vatikan meinte einmal, seit Luthers Reformation habe kein Deutscher die Entwicklung in der Kirche so sehr beeinflusst wie der Mann aus Bayern, der als „Chefdenker“ im Vatikan über die Lehre der Kirche wacht. Sicher ist, an keinem anderen deutschen Kirchenmann scheiden sich bisher so sehr die Geister wie an Ratzinger. Für manche der vatikanischen Verlautbarungen erntet er persönliche Anfeindungen. Allerdings zieht nie jemand die wissenschaftliche Reputation des Kardinalpräfekten in Zweifel. Bewunderer wie Kritiker würdigen stets seinen scharfen Intellekt, seine klaren Analysen, seine geschliffene Sprache und seinen weiten theologischen Horizont.

Nicht nur Katholiken erkennen an, dass er dagegen angehen will, dass die hoch entwickelten Industrieländer ihren Glauben und damit „ihre Seele verlieren", dass uralte Institutionen wie Familie und Ehe zerfallen. Seine immer wiederkehrenden Ermahnungen, dass derartige soziale Erosionen ein erhebliches Risiko darstellen und gefährlichen Sprengstoff enthalten, verhallen nicht ungehört. „Unsere Technik- und Wohlstandskultur beruht auf der Überzeugung, dass im Grunde alles machbar sei", äußerte er einmal. „Die Glaubensfrage tritt damit ab." Solche Worte sind es, mit denen er die Gläubigen stets aufs Neue aufzurütteln versteht.

Bestsellerautor von Rang

Die Bekanntheit Ratzingers freut nicht nur Millionen von Katholiken auf der Welt, sondern vor allem auch Verleger und Buchhändler, die ihn insbesondere nach seiner Wahl zum Papst als „Geschenk des Heiligen Geistes an die Kirche bezeichnen", aber vor allem die nunmehr extrem hochschnellenden Auflagen seiner Bücher als unerwartetes Geschenk für sich empfinden.

Kein Papst hat nämlich vor seiner Berufung auf den Stuhl Petri derart viel publiziert, wie Benedikt XVI. Es sind mehr als 40 Buchtitel. Sie alle befassen sich intensiv mit den Grundlagen und Kernfragen des Glaubens und den Herausforderungen für die Kirche in der Moderne. Benedikts Werke sind zudem in zahlreiche Sprachen übersetzt und erzielen überall ein großes Medienecho. Alle seine Texte schreibt er zunächst mit der Hand, mit Computern kann er nichts anfangen. „Einen ‚Ratzinger' zu lesen", so heißt es, „erspare einem die Lektüre einer ganzen Bibliothek. Jedes Thema, mit dem er sich befasse, verwandle sich unter seiner Feder zu Gold. In jedes der von ihm aufgegriffenen Themen komme Licht und Klarheit."

Schon als Kardinal war Ratzinger ein gut verkaufter Autor. So sind Generationen im Religionsunterricht etwa mit seiner „Einführung ins Christentum“ groß geworden. Sein neuer „Weltkatechismus“ erzielt eine Auflage von acht Millionen Exemplaren. Zählt man die Titel mit Ratzinger als Koautor hinzu, kommt man auf stattliche 57 Titel aus 22 Verlagen. Nach seiner Wahl zum Papst boomt das Geschäft mit seinen Büchern. Auch sein neuestes Buch „Erinnerungen aus meinem Leben“ wird wie alle Bücher dieses Mannes zum Bestseller werden und sicher nicht das letzte Werk dieses fleißigen Autors sein.

Ehrendoktorate, Auszeichnungen, Mitgliedschaften

Kardinal Ratzinger, geachtet als herausragender Intellektueller, spricht zehn Sprachen, neben Deutsch und Italienisch auch Französisch, Englisch und Spanisch, sogar ein wenig Polnisch, außerdem fließend Latein, Altgriechisch und Hebräisch und, wie Bayern stolz anmerken, natürlich auch perfekt Baierisch. Er wird im Laufe der Jahre in viele angesehene wissenschaftliche Akademien gewählt und mit Ehrungen geradezu überhäuft.

Allein sieben Ehrendoktorate theologischer Fakultäten wurden ihm bisher verliehen, unter anderen 1985 auch der Ehrendoktor der bayerischen Katholischen Universität Eichstätt. Weitere 17 Auszeichnungen wie Verdienstorden, Ehrenzeichen, Medaillen, Preise, darunter auch zwei Literaturpreise, regnete es auf ihn herab.

Besonders erfreuten ihn immer Auszeichnungen aus seinem geliebten Bayern, wie 1977 die Verleihung des Bayerischen Verdienstordens, 1985 die Verleihung der Verfassungsmedaille des Bayerischen Landtags in Gold, 1989 der Karl-Valentin-Orden und 1996 die Verleihung des Bayerischen Maximiliansordens für Kunst und Wissenschaft. Auch bei etlichen bayerischen Studentenverbindungen ist er eingetragenes Ehrenmitglied, darunter seit 1989 auch bei der Katholischen Bayerischen Studenten Verbindung Rhaethia zu München.

Vor allem aber rührte ihn 1997 die Verleihung der Ehrenbürgerwürde seiner Marktgemeinde Marktl am Inn.

Gedanken an den Ruhestand

Als 1991 am Allerseelentag Ratzingers stets hilfsbereite, geliebte „kleine Schwester“ Maria im Alter von 70 Jahren stirbt, ist Joseph Ratzinger sehr betroffen. Schließlich hat sie ihm 34 Jahre lang als Sekretärin „auf allen Stationen meines Weges in unermüdlicher Hingebung und mit großer Güte und Demut gedient“. Im selben Jahr erleidet der 62-Jährige eine Gehirnblutung und seine Karriere scheint beendet zu sein. Auch in späteren Jahren werden bei ihm des Öfteren Erschöpfungserscheinungen diagnostiziert. Als er 1992 kurz das Bewusstein verliert, stürzt er auf die Heizung. Noch heute zeugt die Narbe an der linken Schläfe von diesem Schwächeanfall. Doch er erholt sich wieder. Gedanken an den Ruhestand machen sich in ihm breit. „Dieses Leben [in meinem Amt] ist sehr hart“, äußert er mehr als einmal. 2002 möchte er seine Pensionierung beantragen, aber Papst Johannes Paul II. lässt ihn nicht gehen. Auch ein weiterer Versuch scheitert. Nach dem Tod des Papstes liebäugelt der mittlerweile 78-jährige abermals mit einem Rückzug aus seiner Kraft raubenden Tätigkeit. Er sehne ungeduldig die Zeit herbei, in der er noch einige Bücher schreiben könne, gesteht er immer wieder freimütig. Und außerdem würde er gerne in sein geliebtes Bayern zurückkehren, in die Nähe seines Heimatortes Marktl, wo er seit 1997 Ehrenbürger ist, oder in sein Haus in Pentling nahe Regensburg. Hier wäre er seinem Bruder Georg nahe. Und auf dem Ziegetsdorfer Friedhof liegt außerdem das Grab der Eltern und seiner Schwester Maria. Doch daraus sollte nichts werden.

Am 19. April 2005 wird Joseph Kardinal Ratzinger von einer Mehrheit der Kardinäle in das höchste Amt der katholischen Kirche gewählt. Die Sehnsucht Papst Benedikts XVI. nach Ruhestand wird sich nun nie mehr erfüllen. Als Chef der Weltkirche wird er bis zu seinem Tod im Vatikan und in seinem Amt verbleiben.

Geschätzt, geliebt, gefürchtet, kritisiert

Eine wundersame Metamorphose?

Man muss sich davor hüten, aus dem ehemals als streng beurteilten Joseph Ratzinger einen sanften, pflegeleichten Benedikt XVI. zu modellieren, wie das unmittelbar nach seiner Wahl zum Papst durch Bilder, Reportagen und Anekdoten vielfach geschehen ist. Man sah den einst reserviert und distanziert wirkenden Kardinal, den „Feind des Applauses", wie man ihn nannte, als neu kreierten „Benedetto Sedicesimo" plötzlich freundlich lächelnd und schüchtern winkend, Hände drückend und Kinder herzend, die ihm entgegengereckt wurden. Er zeigte das Gesicht eines aufgeblühten, befreiten Menschen. Und manche konnten es nicht begreifen, was das neue hohe Amt mit seinem davon überraschten Träger anstellte. Man stand sprachlos davor, wie der ursprünglich misstrauisch beäugte, von der Presse nicht selten ausgepfiffene Kardinal Ratzinger als Benedikt XVI. plötzlich vom Jubel der Menschen umbraust war und sich ohne Scheu beklatschen ließ. Der ehemals an Werktagen oft in priesterliches Schwarz gehüllte Kardinal stieg nunmehr in päpstliches Weiß gekleidet wie Phönix aus der Asche, wünschte sich gar freundliche Farben an die Wände der päpstlichen Gemächer, in denen er als musischer Mensch fröhliche Mozartmusik auf seinem Klavier zu spielen gedenke. Der einst verschlossen wirkende Wächter der Glaubenslehre sprach mit einem Mal von Dialogbereitschaft, von Öffnung der Kirche, von Verständnis für die Jugend. Auch wolle er nachdenken, unter welchen Bedingungen Geschiedenen künftig die heilige Kommunion gewährt werden könne. Alle Bilder, alle Geschichten wirkten wie Weichspüler, die aus Ratzinger alles Harte und Unnahbare im Nu herauswuschen und flauschig machende Elemente in Benedikt XVI. einsickern ließen. War diese Metamorphose ein Wunder? War sie Heuchelei?

Keines von beiden. Benedikt XVI. zeigte erstmals in aller Öffentlichkeit sein wahres Gesicht, riss sich in wenigen Augenblicken die Maske vom Gesicht, die ihm das (Vor-)Urteil der Presse und die

Meinung der Öffentlichkeit über Jahre hinweg aufgepresst hatte, und dahinter kam plötzlich der Mensch Joseph Ratzinger zum Vorschein, der er immer war. Nicht er hat sich also verändert, sondern die Menschen, die nach seiner Wahl zum Papst plötzlich Bereitschaft zeigten, ihn so zu sehen, wie er ist, und die sich jetzt nicht mehr davon abhalten ließen, die ihm über Jahrzehnte hinweg verpassten Negativ-Schablonen zu zerknüllen.

Nun aber muss man sich davor hüten, von einem Extrem ins andere zu fallen und aus dem ehemals kritisierten, gefürchteten, ja sogar gehassten Bewahrer des Glaubens einen lieblichen, herzigen, leicht beeinflussbaren „Viva il Papa" zu kneten. Er war und ist immer beides: Wächter des Glaubens und freundlicher Hirte seiner Herde.

Der fünfjährige Josef besucht die Volksschule in Aschau, einem der fünf Orte, in denen sein Vater als Gendarm arbeitete.

Erbe der Kindheit

Bekanntlich prägen Einflüsse in frühen Entwicklungsstadien eines Menschen dessen gesamtes Leben in entscheidender Weise. Im Kindes- und Jugendalter wird der Mensch zum Menschen, wie er sich im Erwachsenenalter darstellt. In dieser frühen Zeit werden Einstellungen aufgebaut, Verhaltensweisen geformt, Interessen geweckt, geistige Fähigkeiten geschult und Fertigkeiten gefördert. „Alles Gute und Böse des Menschen im reifen Alter", schreibt die Pädagogin Maria Montessori, „ist eng verknüpft mit der Kindheit, in der es seinen Ursprung hat."

Auch bei Joseph Ratzinger geben die vielfältigen Einflüsse, denen er in frühen Lebensjahren – im Elternhaus, in der Schule, im Internat – ausgesetzt war, wesentliche Erkenntnisse für Verhaltensweisen in seinem späteren Leben. Alle seine Charakterzüge und Wesensmerkmale, die zum Teil sogar widersprüchlich erscheinen, werden beim Blick auf die vielfältigen Einflüsse in der Kindheit und Jugendzeit verstehbar, auch wenn Fremdeinflüsse der späteren Jahre und Faktoren der Selbstbestimmung im Erwachsenenalter keineswegs unterschlagen werden dürfen.

Unnahbar und freundlich

Als sich der ehemals als liberal geltende Joseph Ratzinger in Rom zu einem strengen konservativen Glaubenswächter wandelte, der in der Öffentlichkeit als unbelehrbar, erzkonservativ und verstockt galt und der als „Vollstrecker Roms" tituliert wurde, ging das an ihm nicht spurlos vorüber. Es lasse einen nicht kalt, so gestand er, „wenn man zum Buhmann gemacht wird". In der Folge erlebte man den Kardinal in der Öffentlichkeit meist scheu zurückhaltend und kühl distanziert, ja bisweilen wirkte er sogar gefühlskalt und unnahbar, so als wolle er aus einer Verletzlichkeit heraus Distanz zwischen sich und dem Gegenüber schaffen. Die Presse tat ein Übriges, um dieses düstere Bild in den Köpfen der Menschen zu zementieren.

In den Tagen nach dem Tod Papst Johannes Paul II. entdeckte die Welt einen anderen Joseph Ratzinger, einen verwundbaren, leicht verletzbaren Menschen, der in der Lage war, tiefe Trauer und menschliche Rührung zu zeigen.

Wie man nach und nach erfuhr, zeigte er sich im vertrauten, persönlichen Umgang schon immer von einer menschlichen Zuwendung, die einen erstaunte. Jedem begegnete er mit freundlichem Interesse und gewinnender Herzlichkeit. Da war er nicht der gefürchtete Bewahrer der Lehre, sondern ein Priester, der sich den Menschen mitfühlend zuwandte und sich um sie sorgte. Schon als Professor, Bischof und Kardinal ging Ratzinger mit gewinnender Offenheit auf Menschen zu. In Bonn etwa lud er des Öfteren seine aus Bayern stammenden Studenten zu sich nach Hause zum Essen und zu Gesprächen ein. Als Bischof fuhr er auch immer wieder mit dem Zug, um mit Menschen in Kontakt zu kommen. In diesem ambivalenten Verhalten spiegeln sich Ratzingers Eltern wider: der sehr strenge, aber gerechte Vater und die warmherzige, freundliche Mutter. Beide Verhaltensweisen scheinen sich in ihrem Sohn konzentriert zu haben und so erlebten ihn auch die Menschen, die näher mit ihm in Berührung kamen, zum einen als achtungsgebietende Persönlichkeit, die sich aber jedem ohne Dünkel freundlich zuwandte.

Hans Hummel, der Ratzinger als Erzbischof von München und Freising im Auto chauffierte, erzählt, dass er von ihm immer zuvorkommend behandelt wurde. „Nie stieg er schlecht gelaunt ins Auto und nie hörte ich ein böses Wort von ihm." Drei Fahrzeugweihen der Freiwilligen Feuerwehr Pentling nahm Ratzinger als Kardinal vor, ohne sich lange zu zieren. Den Feuerwehrhauptmann Hans Hopfensperger, der in den siebziger Jahren in Ratzingers Gottesdiensten als Ministrant diente, grüßte der Kardinal später respektvoll als „Herrn Kommandanten". Wenn die Presse anmerkte, dass Ratzinger nach seiner Wahl zum Papst geradezu eine Charmeoffensive startete, dass man ihn nie zuvor so gelöst, locker und freundlich sah, als sei ein gewaltiger Druck von ihm genommen, dann ist davon auszugehen, dass diese Züge auch in all den Jahren zuvor in seinem Wesen längst enthalten waren.

Schüchtern und liebenswürdig

Ratzinger, der selbst aus einer einfachen, ärmlichen Familie stammt, fühlte sich schon immer zu einfachen Menschen hingezogen und trat jedem mit Hochachtung gegenüber. Dabei war er selbst immer schüchtern, „wie einfache Leute das eben auch meist sind", meinte ein Pentlinger Bürger. Auch seine Schwester Maria und sein Bruder Georg strahlen gleichfalls diese große Zurückhaltung aus. Vielleicht gerade auf Grund dieses Wesenszuges hatte Ratzinger, wo immer er sich auch aufhielt, im Nu die Herzen der einfachen Leute gewonnen. Jedermann bestätigt, dass er „ein feiner staader Mensch" ist, der sich etwa in Pentling stets ohne Sicherheitsschutz bewegte und, wenn es nötig war, auch mit dem öffentlichen Bus fuhr.

Die Leute waren beeindruckt, als im Sommer 1977 in Pentling eine Glocke angeschafft wurde und Ratzinger einen nicht unerheblichen Teil der Kosten übernahm. 1995 traf eine Delegation aus der Oberpfalz, bestehend aus den Oberhinkofener Schützen und von Männern der Trachtenkappelle Obertraubling-Wolfskofen, Ratzinger in der Basilika S. Stefano in Rom. Der Kardinal ließ es sich nicht nehmen, jedem Einzelnen von ihnen die Hand zu reichen und seine herzliche Freude über ihr Kommen zum Ausdruck zu bringen. Es ist nicht despektierlich, wenn Pentlinger Bürger ihrer Freude über die Papstwahl mit dem Ruf: „Unser Sepp ist Papst!" Ausdruck verliehen. Aber auch in Ostia am Meer erinnern sich die Leute gerne an Besuche des damaligen Dekans des Kardinalskollegiums, der „uns einfachen Menschen beim Karten- und Bocciaspiel zusah".

Von der ehrlichen kindlichen Freude einfacher Menschen ist Ratzinger auch noch heute tief beeindruckt. Das Wort Jesu Christi: „Wenn ihr nicht werdet wie die Kinder, könnt ihr nicht in das Reich Gottes eingehen", ist ihm Ausdruck des Vater-Kind-Verhältnisses zwischen Gott und Mensch. Oft dachte Ratzinger nach eigenen Worten „über die merkwürdige Fügung nach, dass die Kirche im Jahrhundert des Fortschritts und der Wissenschaftsgläubigkeit sich selbst am meisten dargestellt fand in ganz einfachen Menschen, in Bernadette von Lourdes [einem Hirtenmädchen] oder eben in Bruder Konrad [einem Klosterpförtner], die von den Strömungen der Zeit kaum berührt schienen. Ist das ein Zeichen, … dass der helle Blick für das Wesentliche gerade auch heute den Geringen gegeben ist, der den ‚Weisen und Verständigen' so oft abgeht?" Benedikt XVI. ist sogar überzeugt: „Soweit wir heil durch die kirchliche Krise der letzten Jahre gekommen sind, ist das ein Verdienst nicht der Theologieprofessoren, sondern jenes einfachen Volkes, das die Kirche im Dorf lässt." Wen wundert es, wenn manche überzeugt sind, dass er vor allem auch ein Papst „des einfachen Volkes" wird.

Ernst und heiter

Ratzinger ist kein finsterer Sauertopf, auch wenn er bisweilen sehr ernst wirkt, sondern ein fröhlicher, mitfühlender und charmanter Mensch, der im kleineren vertrauten Kreis gern lacht, Anekdoten erzählt und sogar den echt skurrilen Humor des Münchner Komikers Karl Valentins zu schätzen weiß, auf dessen Beerdigung er als 21-Jähriger übrigens am Aschermittwoch, den 11. Februar 1948, zugegen war, obwohl er einen mehrstündigen Fußmarsch auf sich nehmen musste. Nicht ohne Grund verlieh man ihm 1989 den „Karl Valentin"-Orden in der Katholischen Akademie in Bayern. Sein Laudator, der Schriftsteller Georg Lohmeier, erklärte, seine Eminenz habe die Auszeichnung schon alleine mit der Bemerkung verdient: „Wir sind nicht autorisiert, das Vaterunser in ein Mutterunser umzuwandeln." Außerdem, so Lohmeier: „Narren und Theologen haben noch nie gelogen." Ratzinger bedankte sich für den Orden mit dem Hinweis, dass es das Privileg der Narren sei, die Wahrheit sagen zu dürfen. „Und nachdem es mir von Berufs wegen zufällt, die Wahrheit sagen zu sollen, bin ich recht froh, dass ich nun amtlich in den Stand derer aufgenommen bin, die dieses Privileg haben."

„Ich glaube", so Ratzingers Überzeugung, „dass Gott viel Humor hat. Manchmal gibt er einem auch so einen Stups und sagt, nimm dich nicht so wichtig. Der Humor ist eigentlich Bestandteil der Heiterkeit der Schöpfung." Derbe Scherze mag Benedikt allerdings nicht, doch gelegentlich, so munkeln seine Freunde, überkommt ihn eine unbezähmbare Spottlust, die auch vor „Amtskirchlichem" nicht Halt macht.

Während seiner Münchner Zeit erlebten ihn seine Mitarbeiter im Ordinariat als gelösten Menschen, der sehr gut Geschichten aus seiner Jugend erzählen konnte und „manchmal", so sein ehemaliger Sekretär Pfarrer Bruno Fink, „wurde auch abends im bischöflichen Palais noch eine Runde ‚Mensch ärgere dich nicht' mit den Schwestern gespielt.“ Gerne unterhielt sich Ratzinger immer mit einfachen Dorfpfarrern, denen er ohne jeglichen Dünkel begegnete. „Mit ihm konnte man über alles reden“, bestätigt der Ziegetsdorfer Pfarrer Wohlgut, der Ratzinger einmal fragte: „Ich weiß nicht, was ich falsch mache, ich habe in fünf Jahren vier Chorregenten verbraucht.“ Verschmitzt lächelnd meinte Ratzinger: „Ja wissen S’, Herr Pfarrer, das komplizierteste soziologische Gebilde, mit dem ein Pfarrer zu tun hat, ist nun einmal der Kirchenchor.“

Auch Fürstin Gloria von Thurn und Taxis erinnert sich an eine äußerst amüsante Begegnung mit Joseph Ratzinger, als er noch Kardinal war. Sie hatte 2004 in Rom mit ihrer Freundin Alessandra Prinzessin Borghese einen Vortrag Ratzingers besucht. „Wir hatten die große Ehre“, so Fürstin Gloria, „anschließend mit Seiner Eminenz im Vatikan zu Abend zu essen.“ Vor dem Palazzo wartete auf den Kardinal sein Dienst-Mercedes, am Steuer sein Fahrer Alfredo. Die Fürstin und die Prinzessin aber waren mit einem Piaggio-Mofa gekommen, weil damit im verkehrsreichen Rom leichter ein Durchkommen war. Und nun startete ein recht eigenartiger Konvoi Richtung Vatikan: Ratzinger im Mercedes vorneweg, die beiden Prinzessinnen auf dem Mofa hinterher. Fürstin Gloria am Lenker mit Prinzessin Borghese auf dem Rücksitz. Das ungewöhnliche Gespann passierte im Vatikan die Schweizer Garde und die Polizeisperre ohne Probleme, da Ratzingers Fahrer den leicht verwunderten Sicherheitskräften zurief: „Die Damen gehören zu uns!“ – „Was mag das nur für ein Anblick gewesen sein?“, fragte sich Fürstin Gloria später. „Wir mussten alle sehr lachen, als wir angekommen waren – der Kardinal auch. Es hat ihm überhaupt nichts ausgemacht, dass wir ihn mit so einem unpassenden Fahrzeug begleitet haben. Das zeigt, wie humorvoll er ist.“

Konservativ und mutig

In den 60er-Jahren, so wird vielfach betont, war der 33-jährige Ratzinger noch ganz anders. Die Aufbruchstimmung des Zweiten Vatikanischen Konzils hatte auch ihn erfasst. Er galt als weltzugewandt und reforminteressiert. Noch 1968 habe er sich gemeinsam mit seinem Tübinger Kollegen Hans Küng „gegen Zwangsmaßnahmen bei irrigen theologischen Auffassungen“ gewandt. Erst die kurz darauf ausbrechende Studentenrevolte ließ ihn konservativ werden, aber nur im Sinne, dass er Bewahrenswertes wieder ins Bewusstsein der Menschen rücken wollte. Die kirchenkritische und antiklerikale Hetze, die er damals erlebte, schien in seinen Augen Gott ausschalten und ihn durch das politische Handeln des Menschen ersetzen zu wollen.

Reaktionär war und wurde Ratzinger also nie, auch wenn ihm das nach wie vor zum Vorwurf gemacht wird. Wer sich die Mühe macht, in Ratzingers Schriften zu lesen, wird erkennen, dass darin nicht nur im positiven Sinn Konservatives zu finden ist, sondern auch vieles Mutige und Vorausschauende. Und in all seinen Bemühungen ist immer die Bereitschaft und Fähigkeit zu finden, gegen den Strom des etablierten Katholizismus zu schwimmen. Früher, so meinte Ratzinger einmal, sei oft sein „bayerisches Temperament“ mit ihm durchgegangen, nun sei er „milder und langsamer“. Gleichwohl deutet es sich nach der Wahl zum Papst an, dass er in seinem neuen Amt vor notwendigen und möglichen Veränderungen nicht zurückschrecken und in manchem zur geistigen Weite seiner Jugend zurückfinden wird.

Fromm und intelligent

Ob man Ratzinger nun bewundernd oder kritisch gegenüber steht, eines kann ihm niemand absprechen: einen messerscharfen Intellekt. Er ist umfassend gebildet. Er spricht zehn Sprachen. Er vermag ausdauernd konzentriert zu arbeiten. Er ist unglaublich belesen und seine Schnelligkeit im Lesen ist erstaunlich. Es wird ihm ein geniales Gedächtnis nachgesagt. Die geschliffene, druckreife Sprache, die Fähigkeit zu bis ins Letzte durchdachten Analysen und sein immenses theologisches Wissen üben auf jeden eine Faszination aus, selbst wenn man seine Ansichten nicht teilt. Es ist immer wieder spannend, sicher mitunter auch schmerzhaft, sich an seinen Ansichten zu reiben und sich mit seinen Argumenten auseinander zu setzen.

Der neue Papst ist fraglos ein starker Theologe, der sich aber immer wieder zu einer demütigen Frömmigkeit diszipliniert, in dem tiefen Wissen, dass letztlich auch er doch nur ein schwacher Mensch ist, über dem ein höheres Wesen steht: Gott. „Frömmigkeit", so meinte der Schriftsteller Thomas Mann, „ist eine Art der Klugheit, sie ist Gottesklugheit." Ratzinger würde nie von sich behaupten, sie zu besitzen, sein bescheidenes Streben danach würde er aber sicher nicht in Abrede stellen. Dieses Streben reicht bis in die Kindheit zurück, wo ihm Eltern und Geschwister durch eine vorbildlich gelebte schlichte Frömmigkeit ein nachahmenswertes Beispiel gaben. So wurde aus ihm „ein tief gläubiger Theologe auf den Knien", der weiß, dass sich Gottes Gegenwart nur dem Kleinen und Demütigen offenbart, sich aber den Hochmütigen und Selbstgerechten verschließt.

In seiner Eröffnungspredigt des Konklaves gab Ratzinger zu bedenken: „Alle Menschen wollen eine Spur hinterlassen, die bleibt. Aber was bleibt? Das Geld nicht. Auch die Gebäude bleiben nicht, ebenso wenig die Bücher. Nach einer gewissen, mehr oder weniger langen Zeit verschwinden alle diese Dinge. Das einzige, was ewig bleibt, ist die menschliche Seele, der von Gott für die Ewigkeit erschaffene Mensch!"

Bisweilen scheint es, als ob sich Benedikt XVI. auch mit Blick auf seinen Vorgänger und Freund, Papst Johannes Paul II., dem Wort des katholischen Schriftstellers Georges Bernanos verpflichtet fühlt, der einmal sagte: „Die Kirche braucht keine Reformatoren, sondern Heilige."

Bescheiden und mächtig

Ratzinger schätzte seine Kräfte, vor allem seine körperlichen, nicht hoch ein. Immer war er sich, wie er mehrfach betonte, der Grenzen seiner Gesundheit und seiner Endlichkeit überhaupt bewusst. Diese Empfindungen hatte er bereits während seiner Internatsjahre. Schon damals war er kein Mensch, der sich wichtig nahm, sondern immer einer, der sich zurückhaltend zeigte. Noch als Papst ist er ein

Geistlicher ohne Allüren und ein Apologet der Bescheidenheit. Was an ihm von jeher überzeugte, war seine geistige Präsenz, nie seine physische. 1978, damals bereits Kardinal, war er wohl einer der ersten, die in Bayern einen Organspenderausweis mit sich führten, der im Falle seines Todes Ärzte berechtigt, ihm Organe zur Rettung anderer Menschen zu entnehmen. Ratzinger sieht sich auch heute lediglich als „einfachen Diener im Weinberg des Herrn", der die Gläubigen um ihre Nachsicht und ihr Gebet bittet, damit ihn die Kräfte nicht verlassen.

Auf der anderen Seite weiß er um seine Machtbefugnisse als neuer Papst, die er aber unter anderem dafür einsetzen wird, um Kirche und Theologie wieder zu vereinen und dies aus der von ihm bereits 1986 geäußerten Erkenntnis heraus: „Eine Kirche ohne Theologie verarmt und erblindet, während eine Theologie ohne Kirche zusammenschmilzt zu einem launigen Einfall." Über diese lebensnotwendige Partnerschaft gilt es verstärkt einen geistigen Disput zu führen. Als Wächter des Glaubens ist es ihm ein Anliegen, dass die Theologen erkennen, dass ihre Wissenschaft in aller Bescheidenheit im Dienste der Kirche und ihrer auf Gottes Wort gründenden Lehre zu stehen hat, der sich auch er als Papst beugen muss. Nur zur Verteidigung der kirchlichen Lehre wird Benedikt seine Macht einsetzen, weil er dies als seinen Auftrag empfindet. „Stärke muss er sich abringen", äußerte dazu Ratzingers Bruder Georg, „wenn dann aber der Kampf gefordert ist, da macht er seine Sache schon, von seinem Gewissen her."

Der Stiftskanonikus Hubert Schöner aus Regensburg bringt die Charakterzüge Benedikts XVI. mit den Worten auf den Punkt: „Er ist ein Mensch von tiefem Glauben, großer Demut. Die liebenswürdigste und interessanteste Persönlichkeit, die man sich vorstellen kann. Er ist humorvoll und man kann mit ihm über alles reden." Benedikts aufmunternde Worte: „Jeder ist gewollt, jeder ist geliebt, jeder ist gebraucht" sind ihm selbst Verpflichtung, aber auch für alle anderen Menschen eine Einladung, sich mit Engagement für eine menschenwürdige Gesellschaft einzusetzen.

Chef der Weltkirche

Viele schütteln beim Blick auf das Mammutwerk, das den neuen Papst erwartet, voller Zweifel den Kopf. Wie, so fragen sich nicht wenige bang, kann diese gigantische Arbeit für die Weltkirche ein 78-jähriger Mensch leisten, dem über eine Milliarde Menschen auf fünf Kontinenten anvertraut sind, der über eine Million Ordensleute, etwa 400.000 Priester, an die 4700 Bischöfe und 183 Kardinäle zu leiten hat. Benedikt XVI. gibt die ebenso schlichte wie geradezu erschlagende Antwort: „Ich brauche nicht allein zu tragen, was ich wahrhaftig allein nicht tragen könnte. Die Schar der Heiligen Gottes schützt und stützt und trägt mich. Und euer Gebet, liebe Freunde, Eure Nachsicht, Eure Liebe, Euer Glaube und Euer Hoffen begleiten mich ... Mich tröstet, dass der Herr auch mit unzureichenden Mitteln agieren und arbeiten kann ... Wer Christus einlässt, dem geht nichts, nichts, gar nichts verloren von dem, was das Leben frei, schön und groß macht ... Wer glaubt, ist nie allein, im Leben nicht und nicht im Sterben." Benedikts Einstellung erinnert auch an den Apostel Paulus, der an die Korinther schrieb: „Wenn ich schwach bin, bin ich stark, denn dann erweist sich die Kraft Christi an mir."

Finger in die Wunden der Welt

Man muss sich vor einem Zerrbild des neuen Papstes hüten und man darf ihn nicht, allgemeine Vorurteile gedankenlos nachplappernd, von vorne herein in die Schublade des Erzkonservativen stecken. Mit Klischees ist Ratzinger, alias Benedikt XVI., nicht beizukommen. Er ist kein Fundamentalist, denn Fundamentalismus ist bekanntlich ein Zeichen von Dummheit. Ratzinger jedoch ist hoch intelligent, ein Mann, der auf der Basis eines immensen Wissens mit schärfster Klarheit und größter Klugheit die Missstände auf der Welt zu analysieren vermag und der schonungslos den Finger in die Wunden der Welt legt.

Johann Baptist Metz, einer der einflussreichsten katholischen Theologen, der nicht immer mit Ratzinger gleicher Meinung war und ist, betont zu Recht: „Die, die ihn einen Fundamentalisten nennen, sind vermutlich in seinen Augen selbst solche – Fundamentalisten der Beliebigkeit, gehorsam jener ‚Diktatur des Relativismus', die er in seiner Rede vor dem Konklave anprangerte. Treffender scheint es mir jedoch von einem ‚süßen Gift' des Relativismus zu sprechen. Dieses Gift will immer mehr unsere Bereitschaft lähmen, etwas für so lebenswichtig, ja für so heilig zu halten, dass wir es weder im modernen Diskurs noch im postmodernen Pluralismus der Stimmen und der Stimmungen zur Disposition stellen." Dieser Ansicht würde Benedikt sicher zustimmen.

Vieles, was aus Rom kam, wurde übrigens häufig unbesehen einfach Ratzinger allein zur Last gelegt, ohne zu bedenken, dass er gleichsam als dogmatischer Fels in Gestalt des Präfekten der Glaubenskongregation alle Entscheidungen auf der Grundlage der Heiligen Schrift stets in Absprache mit dem Heiligen Vater zu treffen hatte. Als neuer Papst wird er sich erinnern, worunter er in den 24 Jahren in Rom mitunter auch gelitten hat, und er weiß demzufolge, was er ändern möchte, weil er es ändern darf, aber ebenso, was ihm auf Grundlage der Orthodoxie zu ändern nicht erlaubt ist. Eines ist aber nicht zu erwarten, dass er seine eigene Gegenreformation reformieren wird. Dennoch gibt es Anzeichen, die darauf hinweisen, dass aus einem ehemaligen „Hardliner" durchaus ein Versöhner werden kann. „Bei uns", so betonte augenzwinkernd ein Theologe, der beim Zweiten Vaticanum mitgewirkt hatte, „ist niemand vor Einflüsterungen des Heiligen Geistes gefeit."

Kein Deutscher seit Martin Luther, so heißt es, habe Gestalt und Gehalt der katholischen Kirche derart stark geprägt wie Kardinal Joseph Ratzinger. Als Benedikt XVI. verfolgt er nun keinen blinden Konservatismus, sondern wägt genau ab, was es zu bewahren gilt und wo man neue Schritte gehen kann. Bequem wird der neue Papst aber nicht, weder für die katholische Weltkirche und die ökumenischen Schwestern und Brüder, noch für die Gesellschaft und auch nicht für die Regierenden. Aber man kann davon ausgehen, dass manches durch sein Wirken entkompliziert wird.

Bewahrer alter Werte

Aus katholischer Sicht scheint die Ernennung Joseph Ratzingers in Zeiten gesellschaftlichen Wandels eine konsequente Lösung zu sein. Er rechnete schon immer mit flüchtigen Tagesaktualitäten ab, verurteilte intellektuellen Modefirlefanz und ideologische antikirchliche Strömungen, angefangen vom Marxismus über einen falsch verstandenen Individualismus bis hin zum religiösen Mystizismus. Benedikts Credo ist, sich nicht menschenverachtenden Ideologien zu beugen. Entschieden verwahrt er sich auch gegen die Ausbreitung von Unmoral und Unglauben. Er geißelte die Zeit des postmodernen Denkens als „Zeitalter der Beliebigkeit", unter deren Herrschaft alles und nichts mehr als sicher gilt. Er erinnert daran, dass es das Christentum war und ist, das der Aufklärung ihre Grenzen gezeigt hat, ohne die sie sich nur einem Maßstab verpflichtet gefühlt hätte: sich selbst.

Schon immer hat die Kirche das biblische Bild des Sauerteigs vor Augen, womit die Jünger Jesu, letztlich also alle Christen gemeint sind. Von diesem Teig ist nur eine kleine Menge erforderlich, die gut verknetet mit der Masse die Substanz des gesamten Teiges zu verändern vermag. Benedikt XVI. und alle, die ihm folgen, werden sich deshalb auch in Zukunft in alle Bereiche des Lebens einmischen, um die Welt zu „durchsäuern". Sie werden als Bewahrer der traditionellen Werte auftreten und sich gegen eine unüberlegte Öffnung der katholischen Kirche stellen. Benedikt wird die Kontinuität in der Kirche wahren und dies im Hinblick auf die Friedensbemühungen seines Vorgängers, auf dessen unerschütterlichen Kampf für das Leben in all seinen Facetten und auf dessen ökumenische Bemühungen. Er wird auch künftig in aller Klarheit formulieren, was seiner Überzeugung nach die unheile Welt wieder ins Lot bringen kann. Und dies ist in seinen Augen vorrangig die demütige Rückbesinnung auf den Glauben an Gott und dessen Wort, an das ein jeder Christ gebunden ist.

Im Besitz einer klaren Seekarte

Es gibt etliche Theologen, die der Überzeugung sind, dass der neue Papst zur Leitung der Kirche eine klare „Seekarte" habe, bestehend aus dem Evangelium, den Lehren des Zweiten Vatikanischen Konzils und der „gesunden Tradition" der Kirche. „Die Kirche", so Benedikt XVI., „braucht eine Revolution des Glaubens. Sie darf sich nicht mit billigen Moden liieren. Sie muss sich von den Gütern trennen, um ihr Gut zu bewahren."

Benedikt, der ehemals enge Mitarbeiter und Freund Papst Johannes Pauls II., werde, so die Zuversicht, das Werk seines Vorgängers verantwortungsbewusst weiterführen, also nicht stehen bleiben. Die intellektuelle Größe, aber auch die seelische Reife dazu besitzt er zweifellos. Deshalb richtet der neue Papst sein Reden und Handeln auch nicht danach aus, ob er Beifall damit auslöst oder beißende Kritik provoziert. Wenn er Klärungsbedarf sieht, scheut er keine Auseinandersetzung. Ein Mann lauer Kompromisse ist er schon gar nicht. Wer mit ihm diskutiert, muss dies auf Augenhöhe tun und selbst eine fundierte Position haben, die sich nicht so leicht aushebeln lässt. Mit dem Nachplappern oft wiedergekäuter Schlagwörter, die sich liebedienerisch nach flüchtigen Tagesmoden richten, wird man die brillanten Gedankengänge des Papstes nicht entschärfen. Da ihm intellektuell allerdings nur ganz wenige das Wasser reichen können, flüchten viele in banale Polemik und begegnen ihm mit Häme, Unversöhnlichkeit, ja nicht selten mit Hass. Manchem, der ihn zu einem kühlen, gnadenlosen Rationalisten stempelt, gelingt es nur nicht, der Überzeugungskraft seiner Argumente angemessen zu begegnen.

„Ratzinger möchte die Vernunft", so meinte Christian Schlüter in der „Frankfurter Rundschau", „gemäß ihrer Etymologie als ‚Vernehmen' verstanden wissen: Vernehmen dessen, was dem menschlichen Subjekt in seiner Selbstgenügsamkeit, seiner Endlichkeit abgeht. Deswegen appelliert er an unsere ‚religiöse Musikalität' und erinnert daran, dass die Vernunft eines außerhalb ihrer Verfügungsgewalt stehenden Anderen bedarf, um nicht an sich selbst zu verzweifeln."

Regierungsprogramm – Gottes Wort und Wille

In seiner Antrittspredigt betonte Benedikt XVI., dass er in dieser Stunde keine Art Regierungsprogramm vorzulegen brauche. „Das eigentliche Regierungsprogramm ist, nicht meinen Willen zu tun, nicht meine Ideen durchzusetzen, sondern gemeinsam mit der ganzen Kirche auf Wort und Wille des Herrn zu lauschen und mich von ihm führen zu lassen, damit er selbst die Kirche führe in dieser Stunde unserer Geschichte." Die Kirche dürfe nicht zu einer Baustelle werden, an der jeder nach eigenem Gusto herumwerkele, weil der Bauplan verloren gegangen sei. Eine unreflektierte und undifferenzierte Erneuerungsmanie sei abzulehnen.

Als studierter Philosoph ist Benedikt XVI. ein Metaphysiker der Wahrheit, ohne die für ihn Kultur nicht denkbar ist. Und Wahrheit wird seiner Überzeugung nach nicht gemacht, sondern gefunden. Der Christ erkennt sie aber allein in der Offenbarung. Nur diese Wahrheit, also die Erkenntnis des Guten auf der Grundlage des Glaubens und die daraus sich erschließende Gerechtigkeit, könne dem Nihilismus der Macht und des Machbaren Grenzen setzen und der Epidemie des Relativismus als dem größten Problem der Gegenwart Paroli bieten.

Rufer in der Wüste

Gleich am ersten Tag seines Pontifikats lassen folgende Worte Benedikts XVI. aufhorchen. Er spricht davon, dass viele Menschen in der Wüste leben. „Und es gibt vielerlei Arten von Wüsten. Es gibt die Wüste der Armut, die Wüste des Hungers und des Durstes. Es gibt die Wüste der Verlassenheit, der Einsamkeit, der zerstörten Liebe. Es gibt die Wüste des Gottesdunkels, der Entleerung der Seelen, die nicht mehr um die Würde und um den Weg des Menschen wissen."

Der Papst als oberster Hirte der Christenheit sieht es als seine Aufgabe, die Menschen aus diesen Wüsten herauszuführen, auch wenn viele bereits Gleichgültigkeit ergriffen hat und sie sich dagegen wehren, auch wenn sich viele aus Schwachheit und aus Resignation nicht mehr herausführen lassen wollen. Doch Benedikt will gegen diese

Porträtskizze Benedikts XVI. am 24. April 2005, dem Tag seiner Amtseinführung

„Wüsten in der Welt“ zu Felde ziehen. Als „Rufer in der Wüste“ will er versuchen, dem Werteverlust, insbesondere in der westlichen Welt, der zunehmenden Gottlosigkeit und dem sich immer mehr ausbreitenden Egoismus, der sich alleine dem Götzen „Lust“ verpflichtet fühlt, Einhalt zu gebieten.

Kampf gegen die Seuchen der Welt

Zweifellos besitzt Benedikt XVI. die Fähigkeit, die Weltkirche als Pontifex Maximus, als „oberster Brückenbauer“ zu neuen Ufern zu führen. Er wird die an Gläubigen stets ärmer werdenden, materiell aber reichen Bistümer des Nordens ebenso wenig aus den Augen verlieren wie die verfolgte Untergrundkirche Chinas. Er wird dem erzkatholischen Opus Dei und den Gruppen der „Kirche von unten“, die eine Gleichberechtigung für alle Getauften ersehnen, gleiche Aufmerksamkeit schenken. Und nicht zuletzt wird er der zunehmenden „Kultur des Todes“, der Diktatur entleerter geistiger Modeströmungen sowie der Seuche der westlichen Spaßgesellschaft, mit klaren Aussagen, aber auch Absagen begegnen und sich intensiv um die große Herde jener kümmern, die orientierungslos unterschiedlichen und nahezu täglich neu auftauchenden Götzen nachlaufen.

Das reiche Europa, so äußerte Ratzinger noch als Kardinal, sei durch die Ökonomisierung seines Lebens hohl geworden, das sei die eigentliche Krise des Westens. Während sich die Kirchen leeren, füllen sich Einkaufstempel und Fußballstadien als neue religiöse Orte, auf denen dem Fußballgott und dem Gott Mammon Huldigungen entgegengebracht werden. Fantasyproduzenten sind als neue Evangelisten umschwärmt. Alte Todsünden – „Geiz ist geil!“ – werden als moderne Tugenden verkauft. Die zehn Gebote, hinter denen man Einengung der menschlichen Freiheit, Domestizierung und blinden Gehorsam wittert, werden willkürlich missbraucht und nach Gutdünken instrumentalisiert. Das Heil erwarten die Menschen vom Geld, das ungehemmten Spaß ermöglicht, solange alles einigermaßen in ruhigen Bahnen verläuft, und von der Medizin, wenn es gesundheitliche Probleme gibt. Doch allenthalben lässt sich feststellen, dass trotz aller in den letzten Jahrzehnten den Menschen zugestandenen Freizügigkeiten und technischen Errungenschaften die Gesellschaft weder zufriedener noch gesünder geworden ist. Ichsucht, materielles Streben, Geringschätzung von Solidarität breiten sich immer weiter aus. Die kranken Seelen brauchen mehr denn je Therapie und Hilfe.

Der neue Papst fordert, „nicht das Recht der Stärkeren muss gelten, sondern die Stärke des Rechts“. Er ist überzeugt, dass die Kirche und er als ihr Oberhaupt mit Gottes Beistand den Menschen in ihren vielfältigen Nöten helfen können. Zu welchen Methoden er dabei greifen wird, ist offen, eines aber scheint sicher, er will sich allen Herausforderungen unter Einsatz aller seiner Kräfte stellen.

Er hat keinen Ratzinger im Kreuz

Man sollte nicht vorschnell urteilen. Ratzinger, der nun nicht mehr Hauptingenieur, sondern Steuermann einer Weltkirche ist, wird in diesem neuen Amt auch eine neue Rolle spielen. Er hat die Krise der

Kirche erkannt und weiß, dass man bei einer Krise neue Wege suchen muss. Es steht zu erwarten, dass er das tun wird, allerdings ohne den Kurs der Kirche radikal zu ändern. Gleichwohl ist er sich bewusst, nicht alles ist Wahrheit. Vieles ist nur Form, Gewohnheit, Übereinkunft. Diesbezüglich ist Flexibilität möglich. Ratzinger ist ein brillanter Denker und dazu gehört die Fähigkeit zum Umdenken. Unter ihm werden sich signifikante Änderungen ergeben, nicht sofort, sondern allmählich. Wer glaubt, der neue Papst werde den bisherigen Kurs wie ferngesteuert fortsetzen, der irrt ebenso wie jener, der eine Wende um 90 Grad erwartet. Es gilt genau abzuwägen, wie viel Vielfalt sein darf und wie viel Einheit bleiben muss, damit die Kirche nicht auseinander bricht. Unerwartete Entscheidungen jedenfalls sind bei dieser außergewöhnlichen Persönlichkeit als dem neuen Chef der Weltkirche keinesfalls auszuschließen.

Wie sagte doch ein Bayer augenzwinkernd: „Der Papst wird uns alle noch ganz schön überraschen mit seinen Reformen. Die kann er aber jetzt auch nur deshalb machen, weil er keinen Ratzinger im Kreuz hat.“ Ehemals war er in der Tat, wie Bernd Ulrich in der „ZEIT“ bemerkte, „ein Funktionsreaktionär, einer, der dafür Sorge tragen musste, dass die Kirche nicht durch Beliebigkeit ausfranst, und der dabei manches Mal die Fessel enger gezogen hat, als es nötig schien“.

Die Theologin Elisabeth Gössmann, die gemeinsam mit Ratzinger in München der Fünfziger Jahre Theologie studierte, berichtet von einem „Traum im Halbschlaf“, den sie kurz nach der Wahl ihres ehemaligen Kommilitonen zum Papst gehabt habe. „Ich sah im Traum den ‚alten‘, sprich jungen Ratzinger, und den späteren Glaubenswächter wie zwei verschiedene Personen in einen Ringkampf verwickelt. Da erschien Ratzingers unvergessene Schwester Maria, trennte und versöhnte beide, die dann wieder zu einer Person verschmolzen. Hellwach richtete ich mich im Bett auf und dachte: In dieser Richtung wird die Lösung zu finden sein.“

Auflöser innerkirchlichen Reformstaus

Die Liste der Hoffnungen an den neuen Papst ist lang. Die Zahl der Priester sinkt, die Kirchen sind leerer geworden. An die 100 Millionen haben der Kirche unter Johannes Paul II. den Rücken gekehrt. Andere Glaubensrichtungen rücken vor und der Laizismus, die Forderung nach radikaler Trennung von Kirche und Staat, macht sich breit. Der Ruf nach Auflösung des Zölibats ist unüberhörbar. Laien fragen sich, warum sie angesichts des zunehmenden Priestermangels nicht predigen oder Messfeiern leiten dürfen. Kann man höchst ehrenwerten, wenn auch verheirateten Männern, den „viri probati" nicht doch den Dienst am Altar anvertrauen? Die Frauen drängen nach mehr Einbeziehung und Verantwortung in der Kirche. Sie verstehen nicht, weshalb sie nicht zum Priesteramt zugelassen werden. Die Ortskirchen möchten mehr Freiheit zugestanden bekommen, um nicht in allem und jedem vom römischen Zentralismus abhängig zu sein. Die Ökumene mahnt, jetzt nicht auf der Stelle zu treten. Der Dialog mit den Weltreligionen darf nicht erlahmen. Und lässt sich nicht das rigide Verbot gegen gemeinsame Abendmahlsfeiern mit den Protestanten, die schließlich den gleichen Gott verehren, in absehbarer Zeit doch noch aufheben? Die Schwangeren-Konfliktberatung wünscht, neu überdacht zu werden, um mehr Schwangerschaftsabbrüche zu verhindern, wie dies der Verein „Donum vitae" – „Geschenk des Leben" tut, der wissen will, warum er außerhalb der Kirche stehen muss. Die Menschen fragen sich, ob eheliche Treue als Schutz vor der Menschheitsgeißel Aids ausreicht und nicht doch eine künstliche Empfängnisverhütung erlaubt werden müsse. Wiederverheiratete Geschiedene kommen nicht damit zurecht, dass sie nicht zu den Sakramenten, vor allem nicht zur Kommunion zugelassen werden. Und obwohl das viele in Bredouille bringt, fragen sich manche, warum Männer nicht Männer und Frauen nicht Frauen lieben dürfen. Die Befreiungstheologie gibt zu bedenken, dass ihre Ideen mit christlichen Grundlagen durchaus vereinbar seien. Oder hat die Kirche etwa nicht die Verpflichtung, in Elend und Unterdrückung lebenden Menschen die tatkräftige

Solidarität für ein besseres Leben auf Erden zuteil werden zu lassen und ihnen nicht nur die künftigen Freuden des Himmels zu versprechen?

Benedikt XVI. kennt die Forderungen alle. Seine Antworten auf diese Fragen gilt es genau zu studieren. Er steht zwar für Kontinuität, aber auch für die Fähigkeit, Zeitgemäßes in Gang zu setzen, ohne den Kurs der Kirche radikal zu ändern. Gleichwohl zählt er in seiner Zunft zu den schärfsten Analytikern gesellschaftlicher Entwicklungen und wird nicht erlahmen, den Kampf gegen die geistige Verunsicherung der Gegenwart und gegen den „westlichen Hedonismus" fortzusetzen. Er weiß, dass in der Politik das so oft missbrauchte Zauberwort „Reform" gebraucht wird, um zu signalisieren, dass etwas erreicht werden soll, was man herbeisehnt. Ist das Ziel erreicht, kann man sich zurücklehnen und wohlfühlen, weil der Kampf ein Ende hat. Christliches Leben aber ist nach Aussage des Apostels Paulus fortwährender Kampf, der erst ein Ende hat, wenn man das ewige Ziel erreicht hat. Auch das weiß Benedikt XVI. Im März 2004, als er anlässlich des Begräbnisses des Wiener Kardinals König in Österreich weilte, meinte er in einem Interview: „Gut, ich habe keine Schwierigkeiten zuzugestehen, dass wir in manchem vielleicht großzügiger sein müssen, dass da – sagen wir – zu viele Eingriffe der [römischen] Zentralinstanz waren ... Wichtig ist nur, dass immer der Faktor Einheit gegenwärtig bleibt ..."

Oft berufen sich die Menschen auf die Freiheit, verbergen darunter aber nur ihre Willkür. Zur Freiheit gehört, dass man seine selbstsüchtigen, egozentrischen Tendenzen überwindet und über sich hinaus denkt. Gerade wir Deutschen haben vielfach Vorbehalte, wenn einer konservativ daher kommt. Aber in dieser schnelllebigen Zeit ist es geradezu unerlässlich, wenn jemand die Dinge zu Ende denkt. Dies ist von Benedikt XVI., diesem „katholischen Habermas", wie ihn die ZEIT in Anspielung an den hoch angesehenen linken Philosophen Jürgen Habermas nennt, durchaus zu erwarten.

Primat des Gewissens

Wer dem Papst vorwirft, er würde mit seinen Entscheidungen fortschrittliche Meinungen gnadenlos niederwalzen und notwendige Reformen nicht zulassen, der möge sich ins Bewusstsein rufen, dass kirchliche Lehre schon immer eine hohe Messlatte darstellte, die zu überspringen kaum einem Menschen je vergönnt war. Es handelt sich bei diesen Vorgaben um christliche Idealmaßstäbe, die die Kirche vorhalten muss, weil sie Gottes Wort verpflichtet ist und um die Gläubigen anzuspornen, die in ihnen enthaltenen Forderungen wenigstens anzustreben.

Wer behauptet, der Papst würde mit seinen Geboten und Verboten den Menschen gängeln, ihn zu einem unmündigen Untertan degradieren, soll sich an ein Zitat von Joseph Kardinal Ratzinger aus dem Jahr 1968 erinnern: „Über dem Papst als Ausdruck für den bindenden Anspruch der kirchlichen Autorität steht noch das eigene Gewissen, dem zu gehorchen ist, notfalls auch gegen die Forderung der kirchlichen Autorität." Im Klartext heißt das, dass die vom Papst ausgesprochene Lehrmeinung der Kirche für katholische Christen zwar ohne Wenn und Aber Gültigkeit besitzt, aber dennoch keinen der Gläubigen davon entbindet, auf das eigene Gewissen zu hören und letztlich in christlicher Verantwortung das zu tun, was ihm sein Gewissen gebietet, selbst wenn er dabei gegen kirchliche Lehrmeinung verstößt. Wer also die Vorgaben kirchlicher Lehre kritisiert, tut so, als sei ihm das Handeln in Freiheit auf der Grundlage eigener Gewissensforderungen untersagt. Doch genau das Gegenteil ist der Fall.

Auf die Frage, wie viele Wege es eigentlich zu Gott gebe, antwortete Kardinal Ratzinger deshalb auch zu Recht, es gebe genauso viele Wege zu Gott, wie es Menschen gibt.

Demütige Suche nach Wahrheit

Weshalb, so fragen sich manche, wurden dann Theologen wie Hans Küng, Ernesto Cardenal, Eugen Drewermann oder der Vertreter der umstrittenen Befreiungstheologie in Brasilien, der Franziskanerpater

Leonardo Boff, von Rom mit Bußschweigen belegt, ihrer Ämter enthoben oder gar exkommuniziert, also aus der Kirche ausgeschlossen? Auch sie hätten ihre kirchenkritischen Gedanken doch lediglich auf Grund einer persönlichen Gewissensentscheidung geäußert oder so gehandelt, wie sie es gegenüber ihrem Gewissen verantworten konnten. Wurden sie also nicht doch Opfer päpstlicher Intoleranz und Meinungsdiktatur, die ihnen den Mund verbot und sie aus kirchlichem Dienst entließ? Doch dies stellt aus Ratzingers Perspektive eine völlig falsche Sicht dar.

„Jedermann hat das Recht", so betont er, „seine Meinung frei zu bilden und zu äußern; das zählt zu den Menschenrechten. Aber nicht jedermann hat das Recht zu sagen, seine Meinung sei eine Wiedergabe der Lehre der katholischen Kirche." Wer im Dienst der Kirche steht, von der er den Auftrag angenommen hat, den ihm anvertrauten Studenten die kirchliche Glaubensbotschaft zu vermitteln, dürfe in dieser Funktion eben keine von der kirchlichen Lehrmeinung abweichenden Ansichten verbreiten. Die das dennoch tun, hätten geflissentlich übersehen, dass sie dann auch die Konsequenzen zu tragen hätten. Die Hybris theologischer Autonomie, das müsse jeder im Dienst der Kirche stehenden Person klar sein, dürfe eben gültige kirchliche Lehrmeinung keinesfalls außer Kraft setzen. So wie ein offiziell bestallter Fußballtrainer nicht einfach Ballett-Unterricht geben könne, ohne die sich daraus ergebenden Konsequenzen tragen zu müssen, so könne auch ein von der Kirche beauftragter „Religionslehrer" seinen „Schülern" nicht Inhalte lehren, die im Gegensatz zur kirchlichen Lehrmeinung stehen. Als Vertreter der „reinen Lehre" musste Ratzinger den „Kirchenrebellen" also entgegentreten, die sich nicht an die offizielle Linie der Kirche hielten. Dies aber trug ihm die eifernde Ablehnung, ja sogar erbitterte Gegnerschaft der von ihm Gemaßregelten ein.

Sobald sie das ihnen anvertraute Amt nicht mehr inne haben, bleibt es diesen Theologen jedoch unbenommen, ihre kritischen Gedanken zu äußern, was alle übrigens auch ausgiebig in Wort und Schrift getan haben und noch immer tun. Allerdings dürfen sie nicht erwarten, dass sich die katholische Kirche nach ihren individuellen

Ansichten richtet und sofort alle jene Forderungen und Reformen umsetzt, die ihnen von diesen Kritikern empfohlen werden, so, als handle es sich dabei um „unfehlbare professorale Erkenntnisse".

Die zwischen autonomer Religionswissenschaft und kirchlicher Lehre klaffende Kluft lässt sich nur in geduldig geführtem und von gegenseitigem Respekt getragenem Dialog überbrücken. Dazu signalisiert Benedikt XVI., dessen theologisches Ideal die demütige Suche nach Wahrheit ist, seine Bereitschaft: „Der theologische Dialog ist notwendig", betonte er in seiner Antrittspredigt als Papst, „ebenso unerlässlich ist die Aufarbeitung der historischen Begründungen der in der Vergangenheit getroffenen Entscheidungen."

Miteinander reden

Benedikt versicherte mehrfach, dass er sein Amt in Kollegialität führen wolle. Als Mann von hoher geistiger Beweglichkeit, Wachheit und Sensibilität ist er ein anspruchsvoller Dialogpartner. Von ehemaligen Schülern wurde er als „Meister der Gesprächsführung" tituliert, der unerbittlich auf „die Disziplin des Denkens" achtete. Gespräche sind ihm ein Mittel zu suchen, zu entdecken und zu lernen. Selbst Kritiker in seiner deutschen Heimat wurden hellhörig, als er betonte, es gehe ihm nicht darum, seinen persönlichen Willen durchzusetzen. Er sei bereit, sich bezüglich moraltheologischer und Glaubensfragen mit Andersdenkenden auseinander zu setzen, um zueinander zu finden. Besonders liegt ihm der Dialog mit anderen Religionen am Herzen. Als Nachfolger des Petrus übernehme er „die vorrangige Verpflichtung, mit aller Kraft an der Wiederherstellung der vollen und sichtbaren Einheit aller zu arbeiten, die Christus folgen. Dafür", so Benedikt, „reicht es nicht, guten Willen zu demonstrieren. Konkrete Taten sind notwendig". Zu einem offenen und ehrlichen Gespräch mit Vertretern anderer Glaubensrichtungen, zum Dialog mit anderen Religionen signalisierte er seine Bereitschaft.

Nur gegenseitiges Verständnis könne eine bessere Zukunft für alle ermöglichen. Deshalb werde er auch den übersteigerten römischen Zentralismus überdenken, mehr Mitsprache der Bischöfe und Ortskirchen anstreben und die „Kollegialität“, die Zusammenarbeit mit den Bischöfen der Ortskirche weiter entwickeln.

Ausdrücklich bekannte er sich zum Zweiten Vatikanischen Konzil, mit dem die Kirche in den 60er Jahren unter Johannes XXIII. eine innere Modernisierung und eine Öffnung zur Welt einleitete. „So war mein Grundimpuls, gerade im Konzil, immer der, unter den Verkrustungen den eigentlichen Glaubenskern freizulegen und diesem Kern Kraft und Dynamik zu geben.“

Ebenso ist über die Zulassung Geschiedener zur Kommunion noch nicht das letzte Wort gesprochen. Auch all jenen, so signalisierte der Papst, die ihm noch mit Vorbehalt begegnen, wolle er die Hand reichen und sie einladen, mit ihm einen gemeinsamen Weg zu gehen.

Kein Weihnachtsmann

Bisweilen aber, so scheint es, halten nicht nur ehemalige, sondern auch praktizierende Christen den Papst für so etwas Ähnliches wie den Weihnachtsmann, dem man nur Wunschzettel zuzuleiten braucht und der dann alle geäußerten Wünsche den Kindern auch ohne Widerspruch prompt erfüllt, um weiterhin beliebt zu bleiben. Diesen Anspruch aber kann und wird der Papst nicht erfüllen. Den Gott, der ohne Umstände zu den Wünschen und Träumen der Menschen passt, gibt es im Christentum nicht.

In allen Zeitungen waren Umfragen zu lesen wie „Welche Wünsche haben Sie an den neuen Papst?“ – „Was erwarten Sie von Benedikt XVI.?“ – „Glauben Sie an eine Änderung von Ratzingers Kirchenpolitik?“ – „Wird Benedikt seine Chancen nutzen?“ Keine Zeitung aber enthielt Fragen wie: „Welche Wünsche hat der Papst an die Christen?“ – „Was erwartet Benedikt von den Gläubigen?“ – „Glauben Sie an eine Änderung der Einstellung der Christenheit und der Menschheit?“ – „Werden die Katholiken ihre Chancen nutzen?“

Die Christen sollten nicht vergessen, dass es nicht fair ist, hohe Ansprüche nur an den Papst zu stellen, nicht aber auch an sich selbst. Erwartungen, dies betrifft auch das Verhältnis von Benedikt XVI. zu seiner Herde, beruhen immer auf Gegenseitigkeit. So gesehen sollten Christen nicht nur erwartungsvoll auf den Papst schauen, sondern immer wieder hohe Erwartungen, die sich häufig eben nicht mit dem kurzlebigen Zeitgeist decken, auch an sich selbst richten.

Jedem Politiker werden 100 Tage Bewährungsprobe zugebilligt, um sich in seinem neuen Amt einzufinden und die Eckpunkte seines Regierungsprogramms zu setzen. Nicht nur Benedikt XVI. hat diesen Vertrauensvorschuss verdient, sondern auch die katholische Christenheit und die gesamte menschliche Gesellschaft. Benedikt XVI. gibt ihr allerdings weit mehr Zeit als nur 100 Tage. Sie darf sich während seiner gesamten Amtszeit und darüber hinaus bewähren. Seine Aufforderung: „Habt keine Angst! Öffnet, ja reißt die Tore auf für Christus!" wird, wenn man ihr zu folgen bereit ist, sicher für die gesamte Kirche und nicht zuletzt für die Menschheit segensreich sein.

Kuriositäten am Rande

Neben all den wichtigen Ereignissen rund um die Papstwahl erfuhr man immer wieder allerlei geheimnisvolle, aber auch amüsante Details und konnte manch skurrile, ja häufig sogar recht groteske Begleiterscheinungen wahrnehmen. Eine kleine Auswahl davon sei hier als Anhang abschließend zum Besten gegeben.

Das Geheimnis des Konklaves

Manche fragen sich, weshalb die Wahl eines Papstes gleichsam in der Gefangenschaft des Konklaves vor sich geht. Diese geheimnisumwitterte Prozedur hat eine lange Tradition. Sie wurde den Kardinälen vor mehr als 700 Jahren zunächst aufgezwungen und das kam so.

Als im Jahr 1241 Papst Gregor IX. gestorben war, trafen sich zehn wahlberechtigte Kardinäle in Rom zur Wahl eines neuen Papstes, konnten sich aber nicht einigen. Da Rom im Streit mit dem Stauferkaiser Friedrich II. lag, drängte die Zeit. Doch die Kardinäle kamen trotz Ermahnungen zu keinem Entschluss. Deshalb ließ Ende August der römische Senator Matthäus Rosso Orsini die unschlüssigen Kirchenfürsten mit Gewalt in die verwahrloste Klosterfeste des Vatikans bringen. Ein greiser Kardinal, der sich widersetzte, wurde auf dem Rücken durch die Straßen zum Wahlort geschleift. Bei Wasser und Brot wurden die Purpurträger in einen abbruchreifen Raum gesperrt. Es herrschte brütende Hitze. Mückenschwärme plagten die Geistlichen und Skorpione belästigten sie. Es gab keine Toiletten. Ihre Bedürfnisse mussten die Kardinäle vor aller Augen verrichten. Wenn es regnete, tropften zudem Kot und Urin durch das Gitter an der Decke. Der Unrat stammte von den Bewachern, die von oben die Eingeschlossenen beaufsichtigten, und die ihre Bedürfnisse an Ort und Stelle erledigten. Da half es auch nicht, dass einer der Kardinäle seinen Umhang als Dach über sich spannte. Zur Behandlung des verletzten Greises, den man übers Pflaster Roms gezerrt hatte, durfte kein Arzt beigezogen werden, auch nicht, als er starb. Die

Sakramente wurden ihm unter militärischer Bewachung gespendet. Trotz aller Schikanen konnten sich die Eingesperrten auch nach elf Wochen noch nicht auf den neuen Papst einigen.

Da verlor Senator Orsini die Geduld und drohte, er würde die Leiche Gregors IX. ausgraben und sie mitten in den Konklave-Raum setzen lassen. Da endlich präsentierten die Kardinäle einen neuen Papst, den Mailänder Galfried Castiglione, der sich Coelestin IV. nannte. Doch der halbgelähmte Greis erkrankte bereits am dritten Tage nach seiner Wahl an den Folgen des Konklaves, des Eingesperrtseins. Mit dem letzten Atemzug gelang es ihm noch, seinen Peiniger, den Senator Orsini, zu exkommunizieren. Dann starb er – 16 Tage nach seiner Wahl. Der Heilige Stuhl blieb anschließend für eineinhalb Jahre verwaist.

Noch im gleichen Jahrhundert wurde säumigen Kardinälen abermals ein Konklave von weltlichen Mächten aufgezwungen. Nachdem im Jahre 1268 Papst Clemens IV. in Viterbo gestorben war, vertrödelten die wahlberechtigten Kardinäle ihre Zeit mit allerlei Aktivitäten wie Jagden und Banketten. Dazwischen fanden auch Gänge zur Wahlurne statt, die aber erfolglos blieben. Darüber erbost, schlossen die Bewohner Viterbos die Kardinäle schließlich bei Wasser und Brot im Palast des Papstes ein. Monatelang wurde keine Entscheidung getroffen, weshalb man kurzerhand das Dach vom Palast entfernte, sodass Regen das zögerliche Verhalten der Kirchenfürsten beendete. Kurz darauf wurde Gregor X. zum neuen Papst gewählt, der dann das Konklave als offizielles Mittel einführte, damit künftige Papstwahlen zügig erfolgten.

1274 erließ er das Papst-Wahlgesetz „Ubi Periculum“, das in den Grundzügen noch heute Gültigkeit besitzt. In ihm war vorschrieben, dass den eingeschlossenen Kardinälen die Essensrationen schrittweise gekürzt werden sollten. Im Laufe der Zeit änderten sich die Regeln und Gebräuche beim Konklave. Aber auch heute noch sollen die Regeln dazu beitragen, dass die Wahldauer nicht endlos wird und dass es seriös zugeht. Längst gehören auch ehemals bei der Papstwahl eingesetzte und als „Dämonenkot“ bezeichnete Bestechungsgelder zum Stimmenkauf der Vergangenheit an.

In der Neuzeit dauerte keine Wahl mehr länger als eine Woche. Pius XII. wurde 1939 nach 20 Stunden gewählt, Johannes XXIII. 1958 nach vier Tagen, Paul VI. nach drei und Johannes Paul I. nach zwei Tagen. Johannes Paul II. wurde nach drei Tagen gewählt und Benedikt XVI. sogar nach lediglich 24 Stunden.

Alberner Klatsch

Was über die Papstwahl so alles geklatscht wird, zeigt folgendes Gerücht recht deutlich. Der neue Papst wird nach der Wahl zum Wechseln der Kleider bekanntlich in einen Nebenraum der Kapelle geführt, wo er seine dunkelrote Kardinals-Soutane ablegt und in den weißen Papsttalar schlüpft. Dabei, so munkelt man, werde geprüft, ob es sich bei dem neuen Pontifex tatsächlich um einen Mann handelt. Der Legende nach habe es nämlich von 855 bis 858 einmal einen Papst gegeben, es war Johannes Anglicus, der bei einer Prozession ein Kind gebar. Die seither eingeführte Prüfung sei erst dann bestanden, wenn ein Assistent den in der Kapelle wartenden Kardinälen verkündet: „Habet!“, also „Er hat es!“

Erst jetzt dürfe der neue Heilige Vater in eine der drei bereitgelegten, verschieden großen Soutanen aus weißer Seide schlüpfen. Die Auswahl von drei Soutanen wurde deshalb eingeführt, so erzählt man sich, weil sich Johannes XXIII. nach seiner Wahl 1958 für das vorbereitete Gewand als zu korpulent erwies. Deshalb musste man die Nähte seiner Kleidung auftrennen. Erst nach dieser Prozedur konnte dem Volk der neue Pontifex auf dem Balkon des Petersdomes präsentiert werden.

Die Weissagung des heiligen Malachias

Weissagungen beunruhigen die Menschen immer wieder. Auch über den neuen Papst existiert eine Weissagung des heiligen Malachias, die viele Rätsel aufwirft. Der irische Zisterzienser-Mönch sah im 12. Jahrhundert unter anderem auch die künftigen Kirchenoberhäupter voraus, wenngleich er seine Weissagungen recht unklar formulierte. Es werden darin keine Namen genannt, sondern lediglich verschlüsselte Botschaften geboten. Demnach solle der neue Papst, der Nachfolger Johannes Paul II. im Zeichen „De Gloria Olivae" – „Vom Ruhm des Olivenbaums" stehen. Was aber hat Joseph Ratzinger mit einem Olivenbaum zu tun?

Einige Interpretatoren mutmaßen, dass der Ölzweig als eindeutiges Friedenssymbol gelte. Dies sei ein Hinweis auf den „Friedenspapst" Benedikt XV., auf den sich Ratzinger bezüglich seiner Namenswahl bezieht. Auch er werde demnach in seiner Amtszeit der Welt und der Kirche Frieden bringen.

Einer anderen Theorie zufolge weist der Name Benedikt auf eine Kongregation des Benediktinerordens hin, die sich „Olivetans" nennt und eine Olive als Symbol gewählt hat. Bei dem Gedanken daran, dass diese Deutung ihre Richtigkeit hat, geraten manche allerdings in Panik, da nach den Visionen des Malachias „Gloria Olivae" der vorletzte Papst der Welt sei. Wenn er stirbt, folgt nach den Visionen des Malachias mit „Petrus Romanus – Petrus, der Römer" als letzter Papst. Um ihn ranken sich düstere Visionen, denn während seines Pontifikats soll die Siebenhügelstadt Rom zerstört werden.

Da aber Malachias erst ab dem Jahr 2800 auf den endgültigen Verfall der Kirche und damit auf das Ende der Welt hinweist, ist in naher Zukunft nicht mit dem Weltuntergang zu rechnen. So sei es auch möglich, dass zwischen „Gloria Olivae" und „Petrus Romanus" etliche weitere Päpste amtierten.

In der päpstlichen Basilika Sankt Paul vor den Mauern zieht sich über den Säulen im Innern der Großkirche ein langes Band von 265 Medaillons mit den Porträts der bisherigen Päpste hin. Der Sage nach geht die Welt unter, wenn kein Platz mehr für ein weiteres Medaillon frei ist. Benedikt XVI. ist der 265. Papst.

Rätsel über Rätsel oder wie Papst Benedikt auf Bayerisch sagen würde: „Nix gwiß woaß ma net."

Weiterhin Joseph

Nach der erfolgreichen Papst-Wahl klingelte Tage später bei Georg Ratzinger das Telefon. Seine Haushälterin Agnes Heindl nahm den Hörer ab. „Kann ich bitte meinen Bruder sprechen", fragte eine ihr vertraute Stimme. Es war der Heilige Vater. Frau Heindl war derart verdutzt, dass sie nur stammelte: „Ja, jetzt weiß ich gar nicht, wie ich zu Ihnen sagen soll, Eminenz." Da hörte sie durchs Telefon nur ein herzliches Lachen.

Wie wird der Papst nun nach protokollarischer Etikette korrekt angesprochen?

Wird ein Pfarrer mit „Hochwürden" angeredet, so tituliert man einen Bischof mit „Exzellenz" und einen Kardinal mit „Euer Eminenz". Die offizielle Anrede für einen Papst lautet „Euer Heiligkeit" – „Sua Santità" – oder in vertrauter Form auch „Heiliger Vater". Aber auch Briefe an Herrn Joseph Ratzinger kommen mit Sicherheit bei ihm an.

Wie reden ihn jedoch Familienangehörige an? Der päpstliche Bruder Georg Ratzinger blickt ebenfalls auf eine beachtliche Karriere zurück. Nach seiner Berufung zum Domkapellmeister in Regensburg wurde er 1968 zum Monsignore ernannt, 1976 zum Präfekten und 1994 zum Apostolischen Protonotar. Dennoch steht sein Bruder Joseph als Papst hoch über ihm. Auf die Frage eines Journalisten, wie er Benedikt XVI. nun ansprechen werde, antwortet der 81-jährige Georg Ratzinger: „Auch wenn er jetzt Papst ist, so wird er doch Joseph für mich bleiben, mein kleiner Bruder." Außerdem, so verriet der Domkapellmeister, hoffe er, in Kürze eine Geheimnummer zu bekommen, „die ich durchwählen kann, denn für mich wird er immer zu sprechen sein".

Papamobil-Spekulationen

Kaum war Ratzinger zum Papst gewählt, begannen auch schon die Spekulationen, wer das für ihn bestimmte „Papamobil" bauen darf, in dem er bei festlichen Anlässen durch die Menschenmenge chauffiert wird.

So zeigt der Autokonzern Volkswagen großes Interesse an der Fertigung dieses Fahrzeugs, was nicht verwundert, da VW Fahrzeugsponsor beim Weltjugendtag in Köln im August ist und dort mindestens 100 Fahrzeuge bereitstellen wird, darunter für den Papst auch einen Touareg. Aber auch Audi ist im Gespräch, dessen Sprecher es als eine große Ehre empfände, den Heiligen Vater transportieren zu dürfen.

Bisher baute Mercedes-Benz die „Papamobile". Johannes Paul II. nutzte seit dem Attentat 1981 aus Sicherheitsgründen ein Papamobil. Zunächst war dies ein Landrover, ab 2002 dann ein Mercedes. Zuletzt fuhr er in einem Mercedes-Benz ML-430 mit einer schussfesten Panzerglas-Kabine.

Er liebt Katzen und die Natur

In seinem Haus in Pentling, das Ratzinger 1969 bezog, als er an der Uni Regensburg lehrte, hielt er sich auch nach seinem Weggang nach Rom noch vier bis fünfmal im Jahr auf. Immer wenn er in Pentling weilte, kam auch der Kater Chicco des Hausmeisterehepaars Hofbauer zu ihm ins Haus, ließ sich von ihm streicheln und fühlte sich dabei wohl. Der Journalist Hannes Burger berichtet von einem „Anruf bei ihm zu Hause in Pentling", bei dem Ratzinger mit ihm mit „gewinnender Herzlichkeit und mit entwaffnendem Charme wie mit einem alten Bekannten geplaudert" habe. „Er entschuldigte sich sogar höflich, dass er so lange nicht an den Apparat ging, weil er noch seine Katze füttern musste."

Bekannt ist Ratzingers Liebe zu den fleißigen Bienen, was sein Besuch im Bienenheim des Imkervereins Regensburg 1998 belegt. Überhaupt ist er sehr der Natur und den Tieren zugetan, weshalb er gerne einfache Wanderungen, vor allem in den Bergen unternimmt. Bei solchen Wanderungen, wie etwa in Schleching im Chiemgau auf die Streicheralm lässt er sich dann auch gerne ein Butterbrot schmecken, dazu frische Buttermilch, die er über alles liebt.

Sport mag er nicht

Bekanntlich verabscheut Ratzinger, wohl auf Grund seiner negativen Erfahrungen während seiner Internatszeit, sportliche Betätigungen. Der dadurch entstandene Mangel an physischer Robustheit ist deshalb auch von Jugend an sein Manko, ganz im Gegensatz zu seinem Vorgänger, dem sportlich trainierten Papst Johannes Paul II., der ihn gelegentlich zum Skifahren, zum Schwimmen oder Bergsteigen mitnehmen wollte. Doch er bekam von dem schmächtig wirkenden Ratzinger stets einen Korb. Um sein Gewicht zu halten, isst Ratzinger oft nur Suppe oder macht einen ausgiebigen Spaziergang.

Gleichwohl freute sich der Kardinal immer über körperliche Aktivitäten anderer und so störte es ihn auch nie, wenn Kinder beim Spielen in der Nähe seines Pentlinger Hauses lärmten oder ihm den Ball in den Garten kickten.

Benedikt im Weltall

Ein Verehrer aus München schenkte dem Heiligen Vater zum Amtsantritt für 200 Euro einen echten Stern. Dies teilte die Sterntaufenfirma MyStar aus dem oberbayerischen Wartenberg mit. Der Stern „Benedikt XVI." befindet sich in Ratzingers Sternbild Widder und ist dort mit bloßem Auge zu erkennen. Die wissenschaftlichen Koordinaten lauten: GSC 1805 1736.

Was viele allerdings nicht wissen, Ratzinger zieht schon seit dem Jahr 2000 im Weltall seine Kreise, da bereits ein im Oktober 1990 entdeckter Asteroid von der Internationalen Astronomischen Union nach ihm benannt wurde. Dies geschah als Anerkennung dafür, weil er die vatikanischen Archive für die Wissenschaft geöffnet und die jahrhundertealten Prozessakten über die Verfahren gegen Galileo Galilei und Giordano Bruno zugänglich gemacht hatte. Der Gewürdigte reagierte erfreut auf die ihm angetragene Patenschaft. Er fühle sich „sehr geehrt", versicherte er, und danke für die ihm zuteil gewordene „besondere Art von Unsterblichkeit", die ihm „einen großen Grund zum Nachdenken" geliefert habe.

Mit rund zehn Kilometern Durchmesser ist „Ratzinger 8661" ein Asteroid mittlerer Größe. Er hat den Umfang des ehemaligen „Dinosaurierkillers", der vor 65 Millionen Jahren auf der Halbinsel Yucatan in Mexiko einschlug. Träfe „Ratzinger 8661" die Erde, wäre Feierabend.

Interessant ist, dass sich der Asteroid „8661 Ratzinger" in prominenter Gesellschaft befindet. Sein Nachbar im All soll dem Vernehmen nach nämlich ein nach dem Reformator Martin Luther benanntes Gestirn sein, ein gutes Zeichen für künftige ökumenische Bestrebungen. Nunmehr also kreisen im All unter den zahllosen Miniplaneten, die zwischen Mars und Jupiter die Sonne umrunden, auch ein Ratzinger-Asteroid und in größerer Entfernung ein Benedikt-Stern. Somit hat der Papst bereits zu Lebzeiten einen doppelten Platz im Himmel.

Ratzingers Poesiealbum-Eintrag

1952 gab der Jungpriester Joseph Ratzinger in der Münchner Gebele-Schule Kindern Religionsunterricht. Manche Schüler empfanden ihn als recht streng. Gleichwohl schrieb er einer Schülerin folgenden Vers in ihr Poesiealbum:

Gott allein genügt:
Was das Herz auch sonst noch liebt,
Was es sehnend will umfangen,
Was es dränget zu erlangen
Ist von Ihm ein Schimmer nur,
Der uns weist auf seine Spur.
Er ist's, der dies alles gibt:
Gott allein genügt.

Zur Erinnerung an Deinen Religionslehrer

4. Juli 1952 Joseph Ratzinger

Bereits in diesen wenigen Zeilen ist Ratzingers Einstellung zu menschlichen Wünschen und zu Gott unmissverständlich ausgedrückt.

„Verleger" Benedikt

Georg Ratzinger, der Bruder des neuen Papstes, verriet der Presse, dass Joseph ein Meister des Verlegens sei. Oft habe sein Bruder zum Beispiel seine Uhr gesucht. Die Zeit, die er für derart überflüssige Tätigkeiten aufwenden müsse, tue ihm anschließend immer entsetzlich leid. Aber zum Trost sei Benedikt XVI. gesagt: „Ordnung ist doch nur eine Atempause des Chaos!"

Spitznamen

Als Kardinal wurde Ratzinger wegen seiner Fähigkeit, druckreif zu reden, mit dem, wie man in Bayern sagt, „Spitznamen" Goldmund tituliert. Dieser Name ist dem Roman „Narziss und Goldmund" des Schriftstellers Hermann Hesse entnommen, dessen Werke, so etwa auch „Der Steppenwolf", zu Ratzingers Lieblingsbüchern zählen.

Nach seiner Wahl zum Papst gaben ihm die Italiener den Kosenamen „Papa Ratzi", eine „Verballhornung" des italienischen Begriffes „Paparazzi", den man allerdings für lästige Fotografen gebraucht.

Fan-Club von Ratzy im Internet

Es ist kaum zu glauben, im Internet präsentiert sich der Fan-Club des neuen Papstes sogar mit einer eigenen Website unter www.ratzingerfanclub.com. Es scheint sich um glühende Anhänger zu handeln, da sie nicht nur Nachrichten und Reden Ratzingers verbreiten, sondern auch allerhand Lobeshymnen. Die Fans von „Ratty" oder „Ratzy" betonen, der brillante katholische Theologe stehe ganz im Dienste der Mutter Kirche. Er verkünde die Wahrheit und sorge als Mann des Glaubens, der Aufrichtigkeit und Integrität dafür, dass Irrlehren keine Chance hätten.

Wer die Ansichten der Website von Ratzinger teilt, wird eingeladen, seine Meinung im Gästebuch zu veröffentlichen. Außerdem werden im eigenen Shop zahlreiche Fanartikel angeboten, darunter T-Shirts und als „Drinkware" bezeichnete Maßkrüge mit der Aufschrift „The Cardinal Ratzinger Fan Club" – jetzt wohl „The Benedict XVI. Fan Club“ – natürlich mit Zitaten des Verehrten und als besonderes Highlight eine Baseball-Mütze – schwarz-weiß – mit der unmissverständlichen Aufschrift: „Papist“.

Papst-Golf wird versteigert

So berichtete die Presse über einen Golf IV – Baujahr 1999, 112 PS, Kilometerstand 75.000, der ehemals Kardinal Ratzinger gehörte, und der bei e-Bay zum Verkauf angeboten wurde. Jedenfalls nennt der Fahrzeugbrief Joseph Kardinal Ratzinger als einzigen vormaligen Besitzer, obwohl dieser nie einen Führerschein besaß. Nach Ratzingers Aussage würde ihn der Erwerb eines Führerscheins an den Rand einer Nervenkrise bringen. Deshalb ließ er sich, wenn es sein musste, von seinem Fahrer Alfredo oder von seinem Privatsekretär chauffieren. Von Letzterem wurde der Wagen dann auch an einen Gebrauchtwagenhändler verkauft, der ihn an einen 21-jährigen Zivildienstleistenden aus dem sauerländischen Olpe für 9.550,– Euro weitergab. Da der Wagen geradezu himmlisch fährt, wie es heißt, versprach die bei e-Bay angesetzte Versteigerung gute Gebote. Nach wenigen Tagen war die Sensation perfekt. Im Ansturm der Neugierigen brach die Angebotsseite zusammen. Doch zuvor konnte das texanische Online-Casino Golden Palace den sechs Jahre alten Golf für die unglaubliche Summe von 188.938,88 Euro ersteigern.

Benedikt XVI. missbilligte die Aktion, andere Kirchenmänner amüsierten sich und meinten: „Wenn die von Benedikt verkündigten geistigen Werte auch so hoch im Kurs stehen, dann ist es um die Kirche gut bestellt.“ Von anderer Seite wurde dem Papst der durchaus vernünftige Vorschlag gemacht, er solle sich doch von nun an jeweils als Erstbesitzer einen Kleinwagen erstehen, sich etwa zwei Monate in diesem Gefährt gelegentlich chauffieren lassen und jeden dieser Wägen danach bei e-Bay für 200.000 Euro versteigern. Auf diese Weise könne er pro Jahr ca. 1,2 Millionen Euro einstreichen, die er dann den Armen spenden könne. Außerdem kämen die vielen Orte, an denen er einmal war, und auch all jene Personen, die sich nach einem Papstwagen sehnen, nach und nach in den Besitz eines solchen.

Skurrile Souvenirs

Immer mehr Menschen versuchen Benedikts Popularität zu nutzen und damit ihren Reibach zu machen. So werden oft recht skurrile Papst-Souvenirs in den Internet-Auktionshäusern angeboten, darunter „angekokelte Wahlscheinreste“, die aus dem Kamin der Sixtinischen Kapelle emporgestiegen sein sollen, oder Glühbirnen, die angeblich genau bei der Verkündigung ‚Habemus papam‘ im Vatikan durchbrannten, sowie „originale Papiertaschentücher mit getrockneten Freudentränen, die bei der Bekanntgabe des Namens des neu gewählten Papstes auf dem Petersplatz vergossen wurden“. Besonders verrückt ist ein Stück Hähnchenbrust, auf dem angeblich das Antlitz des Vorgängers von Papst Benedikt zu sehen ist und das ebenfalls von Golden Palace für 232,50 Dollar ersteigert wurde. Geschäftstüchtige Schlitzohren verhökern übers Internet sogar „Original Marktler Erde“. Marktls Bürgermeister Hubert Geschwendtner hält dies freilich für „absurd und pietätlos“.

Der Papst ist 42 cm groß

Die gesamte Auflage von 265 Stück – die Zahl entspricht der bisherigen Anzahl der Päpste – war bereits drei Tage nach der Ankündigung ausverkauft. Die Rede ist von dem 42 Zentimeter großen Papst-Teddy aus gelocktem schneeweißem Mohairplüsch und ausgestopft mit Holzwolle, für 160.– Euro. Dasselbe geschah mit der 38 cm großen und auf 530 Exemplare limitierten „Small Version“ und ebenso mit der japanischen, amerikanischen, australischen und englischen Edition, jede davon ebenfalls auf 265 Stück begrenzt. Alle Welt scheint einen solchen Bären besitzen zu wollen.

Kreiert hat den Papst-Bären eine Coburger Teddybären-Manufaktur. Jeder Bär ist mit Echtheits-Zertifikat versehen und in der Landessprache beschriftet. Lediglich die Japaner bestanden darauf, dass die Fußsohlenbestickungen beim Bären auf Deutsch erfolgen. Auf der rechten Fußsohle steht „Joseph Kardinal Ratzinger“, auf der linken „Papst Benedikt XVI. 19. April 2005, Nr. 001/...“ Nach dem Schrägstrich ist die jeweilige Serien-Nummer gedruckt.

Der Teddybär hat eine kräftige Statur, aber eine ehrfurchtsvolle Haltung und einen demütigen Gesichtsausdruck. Er ist genau so gekleidet wie Joseph Ratzinger bei seinem ersten Auftritt auf dem Balkon des Petersdoms: weiße Soutane mit dem Schulterumhang, der Mozzetta, und reich bestickter Stola, dazu an einer goldenen Kordel das Brustkreuz. Und auch das weiße Scheitelkäppchen fehlt nicht. Sogar Mitarbeiter des Vatikans haben sich dem Vernehmen nach einen Benedikt-Teddy reservieren lassen. Der Bär mit der Nr. 265 ist jedoch für den Papst selbst reserviert.

Per E-Mail zum Heiligen Vater

Schon kurz nach seiner Wahl zeigte auch Joseph Ratzinger, dass er wie sein Vorgänger Papst Johannes Paul II. ein Medienpapst sein will. Der Vatikan hat eine Mail-Adresse eingerichtet, auf der Gläubige aus aller Welt dem neuen Papst Glückwünsche und Nachrichten übermitteln können. Von der Homepage des Heiligen Stuhls www.vatican.va gibt es einen Link. Interessenten müssen nur das „Habemus Papam" anklicken, worauf sich ein Foto von Joseph Ratzinger auf der Loggia des Petersdoms öffnet. Darunter gelangt man zur Mail-Adresse: benediktxvi@vatican.va. Schon kurz nach der Wahl sollen 60 Millionen Mails im päpstlichen elektronischen Briefkasten eingetroffen sein.

Telefonisch ist der Papst lediglich über eine Geheimnummer zu erreichen, die bislang allerdings nur sein Bruder Georg kennen soll.

Der wächserne Benedikt

Die erste Wachsfigur von Papst Benedikt XVI. wird dem Vernehmen nach in Madrid im dortigen Wachsfiguren-Museum ausgestellt. Nach Fertigstellung des Ton-Modells wird Mitte des Jahres 2005 eine „perfekte und realistische Wachsfigur" zu besichtigen sein.

Auch das Wachsfigurenkabinett der Madame Tussaud in London, das alle Mächtigen und alle Weltstars in Wachs modelliert, wird wohl nicht lange mit einer täuschend ähnlichen Nachbildung des neuen Pontifex auf sich warten lassen.

Witzige Papstgeschichten

Kaum war Ratzinger Papst geworden, schlug sich die Begeisterung für den obersten Glaubenshüter der katholischen Kirche auch in einigen durchaus aussagekräftigen Witzen nieder, die selbst in kirchlichen Kreisen die Runde machten und über die vielleicht auch Benedikt XVI. schmunzeln würde, der sich laut Auskunft von Insidern als humorvoller Mensch gerne von den neusten Witzen über die Römische Kurie unterrichten lässt.

Vor Jahren, als Joseph Ratzinger noch Aushilfspriester war, fuhr er einmal im Zug. Ihm gegenüber saß ein Rabbiner, den Ratzinger nach einiger Zeit ansprach. „Entschuldigen Sie, dass ich so neugierig bin. Können Sie eigentlich noch was Höheres werden als Rabbiner?" Antwort: „Nein. Und Sie?" Ratzinger lächelte: „Na ja, ich kann natürlich Kaplan werden, dann Pfarrer, danach Bischof, Kardinal und vielleicht sogar Papst." Der Rabbiner: „Und weiter?" Ratzinger verwundert: „Was heißt, und weiter? Ich kann doch nicht Gott werden!" Darauf der Rabbiner: „Sehen Sie, aber einer von uns hat es geschafft."

♦

Papst Benedikt XVI. hat bei seiner ersten Audienz Bundeskanzler Gerhard Schröder fest versprochen, künftig an allen Sitzungen des deutschen Bundestages teilzunehmen. Er möchte sein nach der Wahl zum Papst gegebenes Versprechen halten, immer dort anwesend zu sein, wo das Elend am größten ist.

♦

Der Konzernchef von Ford fleht in einer Privat-Audienz Benedikt XVI. an: „Heiliger Vater, könnten Sie nicht das *Pater noster* so ändern, dass an irgendeiner Stelle das Wörtchen *Ford* vorkommt?" Der Papst ist entrüstet: „Wo denken Sie hin?!" – „Oh, Heiliger Vater, irgendwo, nur ganz unauffällig. Ich werde mich auch nicht lumpen lassen." – „Nein", antwortet der Papst, „das ist ein Ding der Unmöglichkeit!" – „Auch dann nicht, wenn ich Ihnen 10 Millionen Dollar biete?" – Der Papst schüttelt energisch den Kopf. „Dann", so der Konzernchef von Ford, „sagen Sie mir wenigstens, was Fiat für das *Fiat voluntas tua* bezahlt hat."

♦

Eine Delegation aus Marktl am Inn fährt nach Rom und überreicht Papst Benedikt XVI. eine Torte. Sie gratuliert dem Heiligen Vater zum Namenstag. Darauf der Papst verdutzt: „Ich danke Euch, aber heute ist doch nicht Benedikt." „Das mag schon sein", geben die Delegationsmitglieder mit strahlenden Augen zu, „aber heute ist der 16."

♦

Der Generalmanager von Coca-Cola kommt in den Vatikan und macht Papst Benedikt XVI. ein Angebot: „Heiliger Vater, wenn in jeder katholischen Kirche auf der Welt einen Monat lang im Vaterunser das Wort *Brot* durch *Coca-Cola* ersetzt wird, dann zahlen wir dem Vatikan 10 Millionen Dollar!" Entrüstet lehnt der Papst ab: „Das geht auf keinen Fall. Das kann ich nicht machen!" – „Na gut!", verhandelt der Coca-Cola-Manager weiter: „20 Millionen Dollar für eine Woche: Das Wort *Brot* im Vaterunser ersetzt durch *Coca-Cola!*" – „Nein, das ist unmöglich. Gehen Sie jetzt!", wehrt der Papst ab. „Na gut!" Der Manager spielt den letzten Trumpf aus:

„100 Millionen Dollar dafür, dass an einem Sonntag auf der ganzen Welt in jeder katholischen Kirche das Wort *Brot* im Vaterunser durch *Coca-Cola* ersetzt wird!" Da wendet sich Benedikt XVI. zu seinem Privatsekretär und fragt: „Mein Sohn, wie lange läuft dieser Vertrag mit der Bäckerinnung noch?"

♦

Hans Küng, Leonardo Boff und Joseph Ratzinger sterben zur gleichen Zeit und treffen in einem Wartezimmer vor dem Himmelstor zusammen. Petrus erscheint, deutet auf Küng und sagt: „Jesus will dich sehen." Nach zwei Stunden kehrt Küng mit einem zerknirschten Gesichtsausdruck zurück, wobei er immer wieder vor sich hin murmelt: „Wie konnte ich mich nur so irren? Wie konnte ich mich nur so irren?"

Als nächsten winkt Petrus Boff hinein. Der kämpferische brasilianische Befreiungstheologe bleibt fünf Stunden weg. Als er herauskommt, ruft er mit Tränen in den Augen: „Ich begreife es einfach nicht! Wie konnte ich bloß so töricht sein?"

Nun zeigt Petrus auf Ratzinger. Seine Eminenz blickt von einem Buch auf und schreitet gelassen in das Empfangsbüro. Fast ein Tag vergeht, dann öffnet sich plötzlich die Tür und Jesus selbst tritt heraus. Mit ungläubigen Staunen auf den Lippen stößt er hervor: „Wie konnte ich meine Passion nur so missverstehen?"

„Des is da Unsrige!"

Übersicht über die wichtigsten Ereignisse im Leben Benedikts XVI.

Kindheit im Dritten Reich

16.4.1927	Benedikt XVI. wird als Joseph Aloysius Ratzinger in Marktl am Inn in Bayern geboren. Der Vater ist Gendarm. Er wechselt gemeinsam mit der Familie viermal seinen Dienstort. Die Mutter ist Köchin und Hausfrau.
1929	Umzug nach Tittmoning
1932	Umzug nach Aschau am Inn. Dort besucht Joseph die Volksschule
1933	Machtergreifung Hitlers. Die zwölf Jahre währende „Nazidiktatur" beginnt. Familie Ratzinger empfindet dies als Unglück
1937	Umzug nach Hufschlag am Stadtrand von Traunstein in ein eigenes Haus
1937	Aufnahme des 10-jährigen Joseph ins Gymnasium Traunstein
1939	Aufnahme Josephs ins katholische Knabenseminar St. Michael in Traunstein bis Kriegsausbruch. „Ausweichschule" Institut der Englischen Fräulein zu Sparz
1941	Rückkehr ans Gymnasium Traunstein

Jugend im Krieg

1941	Unfreiwillige Aufnahme des 14-jährigen Joseph in die Hitlerjugend
1943	Abordnung als Luftwaffenhelfer/Flakhelfer nach München, Unterföhring, Innsbruck, Gilching. In dieser Zeit Unterricht am Max-Gymnasium in München
1944	Einberufung zum Reichsarbeitsdienst. Einsatz im Dreiländereck Österreich/Tschechoslowakei/Ungarn

1945	Militärische Grundausbildung des 18-Jährigen in Traunstein. Ende April: Fahnenflucht, Mai: Kriegsende, Juni: kurze Kriegsgefangenschaft in Bad Aibling und Ulm und Entlassung aus ihr. Abitur – Berufsziel: Priester

Studium in der Nachkriegszeit

1945–1947	Studium der Philosophie und Theologie in Freising
1947–1950	Studium an der Theologischen Fakultät der Universität München
1950	Diakonatsweihe

Zwei Jahre Dienst als Jungpriester

29.6.1951	Priesterweihe
1951	Aushilfspriester in der „Pfarrei St. Martin“ in München-Moosach
1952	Kaplan in der „Pfarrei Heilig Blut“ München-Bogenhausen

25 Jahre Lehrer an fünf Universitäten (1952–1977)

1952	Dozent im Priesterseminar Freising (mit 24 Jahren jüngster Dozent)
1953	Promotion zum Dr. theol.
1957	Habilitation im Fach Fundamentaltheologie mit einer Untersuchung über Bonaventura an der Universität München
1958	außerordentlicher Professor für Dogmatik und Fundamentaltheologie an der Philosophisch-Theologischen Hochschule Freising (mit 31 Jahren jüngster Professor)
1959	Professor für Fundamentaltheologie an der Universität Bonn
1962	Theologischer Berater beim Zweiten Vatikanischen Konzil (bis 1965)
1963	Professor für Dogmatik und Dogmengeschichte an der Universität Münster

1966	Professor für Dogmatik und Dogmengeschichte an der Universität Tübingen
1969	Professor für Dogmatik und Dogmengeschichte an der Universität Regensburg
1969	Berufung in die Internationale Päpstliche Theologie-Kommission durch Papst Paul VI.
1976	Vizepräsident der Universität Regensburg

Vier Jahre Erzbischof und Kardinal (1977–1981)

25.3.1977	Ernennung zum *Erzbischof* von München und Freising
27.6.1977	Ernennung des 50-Jährigen zum *Kardinal* von München und Freising durch Papst Paul VI. Ernennung zum Honorarprofessor der Universität Regensburg

24 Jahre Karriere in Rom (1981–2005)

25.11.1981	Berufung zum *Präfekten der Katholischen Glaubenskongregation in Rom* durch Papst Johannes Paul II. Präsident der Päpstlichen Bibelkommission Präsident der Internationalen Theologenkommission
1982	Ernennung zum *Kurienkardinal*
1986–1992	Leiter der Päpstlichen Kommission zur Erstellung des „Katechismus der Katholischen Kirche“
1992	Erhebung zum *Kardinalsbischof*
1998	Wahl zum *Vizedekan des Kardinalskollegiums*
2002	Wahl zum *Dekan des Kardinalskollegiums*, als „Erster unter Gleichen“ der Gemeinschaft von zurzeit 183 Kardinälen

Der mächtigste Mann der Kirche (seit 2005)

19.4.2005	Wahl zum *Papst* *Benedikt XVI.* übernimmt die Leitung der katholischen Kirche

Literatur

Bücher von Joseph Kardinal Ratzinger (in Auswahl):

Volk und Haus Gottes in Augustins Lehre von der Kirche (Dissertation 1951). München 1954
Die Geschichtstheologie des heiligen Bonaventura (Habilitationsschrift). München u.a. 1959
Eschatologie, Tod und ewiges Leben. Leipzig 1981
Abbruch und Aufbruch. Die Antwort des Glaubens auf die Krise der Werte. München 1988
Wahrheit, Werte, Macht. Prüfsteine der pluralistischen Gesellschaft. Freiburg/Basel/Wien 1993
Salz der Erde. Christentum und katholische Kirche an der Jahrtausendwende. Ein Gespräch mit Peter Seewald. München 1996
Aus meinem Leben (1921–1977). Stuttgart 1998
Einführung in das Christentum. Vorlesungen über das apostolische Glaubensbekenntnis. 3. Aufl. München 2005
Glaube – Wahrheit – Toleranz. Das Christentum und die Weltreligionen. 2. Aufl. Freiburg i. Brsg. 2003
Werte in Zeiten des Umbruchs. Die Herausforderungen der Zukunft bestehen. Freiburg i. Brsg. 2005
Joseph Ratzinger – Benedikt XVI. Gott und die Welt. Ein Gespräch mit Peter Seewald. München 2000/2005

Sekundärliteratur:

Karl Wagner: Kardinal Ratzinger, der Erzbischof in München und Freising, in Wort und Bild. München 1977
Aidan Nichols: The Theology of Joseph Ratzinger. An Introductory Study. Edinburgh 1988
John L. Allan: Joseph Ratzinger. Biographie. Düsseldorf 2005

Zahlreiche Zeitungsartikel zur Papstwahl 2005

Bildquellen

Zeichnungen
Franz Eder: 31, 145
Alfons Schweiggert: 19, 35, 47, 65, 78, 107, 121

Verlagsarchiv: 55, 68, 81

Inhalt